튀르키예 지진 7.8

대한민국 해외긴급구호대의 간절한 바람

CONTENTS

들어가며   007

튀르키예 지진 구조 현장에서 함께한   010
121명의 영웅들

CHAPTER 1.
형제의 나라 튀르키예   012

CHAPTER 2.
대한민국 해외긴급구호대   024

01 해외긴급구호대 vs 국제구조대   027
02 해외긴급구호대 국제구조대 소집   034
03 대한민국 해외긴급구호대 출동   046

CHAPTER 3.
튀르키예 지진 피해 현장으로   058

01 튀르키예 가지안테프공항에 착륙하다   061
02 도움의 손길을 기다리는 안타키아로 향하다   076
03 하타이주 안타키아에 숙영지를 편성하다   087
04 KDRT, 수색·구조활동을 시작하다   098

05 삶과 죽음의 현장에서   109

- 상황일지 2월 9일 – 생존자 5명 구조, 사망자 9명 수습   113
  - 첫 번째 생존자 구조, 그 감격의 순간
  - 막내아들을 잃은 슬픔의 눈물   128
  - 가슴을 뜨겁게한 그날의 환호와 박수   133
- 상황일지 2월 10일 – 사망자 4명 수습   139
- 상황일지 2월 11일 – 생존자 3명 구조, 사망자 5명 수습   154
  - 할머니를 사랑한 할아버지   166
  - 튀르키예 구조대와 One Team으로 모자(母子) 구조   170
- 상황일지 2월 13일 – 사망자 1명 수습   177
  - 19번째… 마지막 사망자를 수습하다

06 안타키아에서 만난 한국 청년   186
07 UCC 방문과 유럽 구조대 운영 체계를 확인하다   192
08 튀르키예에 기증한 해외긴급구호대 물자   201
09 7일간의 구조활동을 마치고 안타키아를 떠나다   207

CHAPTER 4.
튀르키예 지진 피해 대응 임무 종료   214

01 더 많은 사람을 구하지 못한 아쉬움   217
02 튀르키예 국민이 보여준 우정   221
03 튀르키예 떠나는 순간 눈물바다   229
04 서울공항에서 두 번째 환영식   237
05 대한민국 해외긴급구호대의 성과   241
06 해외긴급구조대의 시사점과 앞으로의 과제   247

마치며   251

추천의 글   255

대한민국은 형제의 나라
튀르키예 국민들이 슬픔과 고전
에서 용기와 희망으로 일어설 수
있도록 함께 할 것입니다.
2023. 2. 9.
대한민국 대통령
윤 석 열

들어가며

  2023년 2월 6일 오전 4시 17분께(한국시간 10시 17분) 튀르키예 동남부 가지안테프 서북 서쪽 37㎞ 지역에서 규모 7.8의 강진이 발생했다. 오후 1시 24분께 가지안테프 진원지에서 약 128㎞ 떨어진 카흐라만마라스 부근에서 규모 7.5의 두 번째 지진이 일어났다.
  CNN 방송은 지진 당일 튀르키예와 시리아를 합쳐 사망자 313, 부상자 2천명 이상이라고 보도했다.
  모두가 잠든 새벽 시간에 지진이 발생해 피해가 컸고 내진설계가 된 건물이 많지 않다는 점도 피해 증가 요인이었다고 분석했다.
  집과 가족을 잃은 이재민과 유가족들이 거리로 쏟아져 나왔다.
  튀르키예 정부는 국제사회에 도움을 청했고 주한튀르키예대사관을 통해 우리 정부에 구조팀 파견을 공식으로 요청했다.

…

  2월 7일 오전 7시 37분 소방청 중앙119구조본부에서 운영하는 국제구조대 소집 명령이 하달됐다. 중앙119구조본부 소속의 구조대원 60명을 포함해 특전사와 외교부 등 118명이 인천공항에 집결했다.
  대한민국은 최단 시간 파견 결정, 단일 파견으로 역대 최대 규모의 대한민국 해외긴급구호대를 형제의 나라 튀르키예 하타이주 안타키아로 급파했다.
  대한민국 해외긴급구호대는 모든 것이 불확실한 지진 피해 현장에서 고군분투하며 수색·구조활동을 실시했다.
  언제 닥칠지 모르는 여진의 공포 속에서 생존자를 한 명이라도 더 구조하기 위해 필사의 노력을 다했던 대원들의 뜨거운 열정.

삶과 죽음의 현장에서 7일간 8명의 생존자를 구조하고 19명의 사망자를 수습한 대한민국 해외긴급구호대의 노력.

골든타임을 넘겨 생존 가능성이 희박했던 절망의 시간에 기적적으로 생존자를 구조해 전 세계를 놀라게 했던 대한민국 영웅들.

그때의 감동 드라마는 출동 대원들의 가슴을 뜨겁게 만들었고 다시 생각해도 눈시울이 붉어진다.

함께 출동한 121명(선발대 3명 포함)의 열정과 노력을 이 책 한 권에 다 담을 순 없었지만 그때의 가슴 뜨거웠던 이야기들을 하나하나 엮어봤다. 이 이야기는 '튀르키예 지진 7.8'이라는 제목으로 2023년 9월부터 월간 매거진 〈119플러스〉에 연재되다 2024년 8월 책으로 발간됐다.

'튀르키예 지진 7.8'은 운영반의 일원으로 임무를 수행했기에 집필할 수 있었다. 현장에서의 구조 상황과 현장에서 복귀한 대원들의 이야기를 들어 종합하면서 현장의 생생함을 담을 수 있었다. 그리고 이 책이 세상에 나올 수 있도록 지지해 준 사랑하는 아내 권익숙과 안타키아 구조 현장의 이야기를 나눠준 김종훈, 백승현, 유지한, 이기평, 최찬민, 홍준기에게 이 책을 바친다. 아울러 소방방재신문사 유은영 편집부장님께 감사드린다.

이 책에 담지 못한 특전사 대원들의 열정, 국군의무사령부 군의관과 간호장교 희생, KOICA 대원들의 헌신에 아낌없는 박수와 두 손 모아 감사함을 전한다.

2024년 8월

대한민국 해외긴급구호대 김상호

책 판매 수익금 전액은
튀르키예 안타키아
셀림 아나돌루 고등학교
도서 구매비용으로
기부됩니다.

튀르키예 지진 구조 현장에서 함께한 121명의 영웅들

해외긴급구호대장	**원도연** 국장 외교부 개발협력국		
사무국	**안한별** 사무관 외교부 개발협력국	**박완규** 차장 한국국제협력단 이집트사무소	**김민종** 차장 한국국제협력단 본부
	김민지 대리 한국국제협력단 다자협력인도지원실	**강해리** 대리 한국국제협력단 SDG프로그램팀	**류선길** 대리 한국국제협력단 동남아시아1실
	백주영 전임 한국국제협력단 해외봉사모집팀	**이찬휘** 주임 한국국제협력단 글로벌인재교육원	
구조대장	**조인재** 본부장 소방청 중앙119구조본부		

운영반					
조성태 소방령	**진정희** 소방령	**이인선** 소방령	**박현원** 소방경	**심재철** 소방장
박종일 소방장	**김상호** 소방장	**이기평** 소방교	**이주용** 소방교	**이형민** 소방교

구조1반					
박종복 소방경	**배승은** 소방위	**유지훈** 소방위	**김대영** 소방장	**양슬람** 소방장
임기용 소방교	**황진우** 소방교	**이진욱** 소방교	**홍준기** 소방교	

구조2반	김병석 소방경	송성진 소방위	송희남 소방위	이홍길 소방위	안태선 소방장
	방성수 소방장	이훈희 소방장	황창선 소방장	유지한 소방장	노완영 소방장
구조3반	신용진 소방경	박정일 소방위	오기성 소방장	강혜철 소방장	이준영 소방장
	정세용 소방장	백창희 소방교	유재인 소방교	강대호 소방교	
구조4반	양영안 소방경	전준영 소방위	최병희 소방장	한승진 소방장	김정식 소방장
	백승현 소방장	이상훈 소방교	편영범 소방교	최찬민 소방교	
탐색반	임팔순 소방경	김종훈 소방장	이종두 소방장		최을석 소방장
	김원현 소방위	김철현 소방장	김선호 소방장		송민용 소방장
	토리	토백	티나		태백
물류반	조정상 소방경	김용태 소방위	김희라 소방장		김진수 소방장
	최오상 소방장	박대순 소방교	민세형 소방교		

특전사	이윤희 중령 특전사령부 1공수특전여단				
	서석관 소령	김선진 대위	손다운 대위	장익선 대위	최진욱 대위
	김영창 대위(진)	정유준 중위	김예찬 중위(진)	석도윤 중위(진)	
	경만성 원사	김무길 상사	김재근 상사	김재근(2) 상사	이은규 상사
	이중원 상사	이태호 상사	서동신 상사(진)	전태양 상사(진)	김 건 중사
	김진수 중사	김희수 중사	박상현 중사	박용헌 중사	유준선 중사
	이남형 중사	이명현 중사	김동건 중사(진)	김지웅 중사(진)	박정원 중사(진)
	윤준혁 중사(진)	황세환 중사(진)	김재준 하사	문태양 하사	박재석 하사
	설한규 하사	신재욱 하사	오유석 하사	윤현준 하사	이영민 하사
	정재연 하사	정현석 하사	황병훈 하사		
의무사령부	김정길 중령 의무사령부 양주병원				
	김동훈 중령	김혜주 대위	서동연 대위	이인우 대위	김현진 대위(진)

CHAPTER 1.

형제의 나라 튀르키예

형제의 나라
튀르키예

2023년 2월 6일 오전 10시가 넘어 튀르키예에 강진이 발생했다는 소식이 언론을 통해 보도됐다.

■ 출처 연합뉴스

뉴스를 보면서 중앙119구조본부 국제구조대가 출동할 수 있을 것 같다는 느낌이 들었다. 그리고 추억으로 간직하고 있던 내 젊은 날의 기억을 소환했다. 튀르키예와 국경을 접하고 있는 이라크 북부 아르빌에서 청춘의 한 페이지를 장식한 건 '해외파병'이었다.

2003년 3월 20일 미국과 영국의 연합군이 이라크 후세인이 보유한 대량살상무기(WMD, weapons of mass destruction)를 무력화하기 위해 침공했다. 이후 동맹국에 전투부대 파병을 요청하면서 2004년 8월 3일 이라크평화재건사단(자이툰)[1] 1진이 출국했다. 이들은 쿠웨이트에서 이라크 아르빌까지 1200㎞를 이동하는 파발마작전을 수행했다.

　나는 2006년 7월 이라크평화재건사단 5진 헌병대(현 군사경찰대)로 파병됐다. 임무는 주한이라크대사 경호였다. 경기도에 있는 특전사 특수전교육단(현 특수전학교)에서 1개월간 파병 교육을 받았다. 파병 교육은 이라크 문화와 사격술, 전술훈련, 체력단련 등으로 강도 높게 이뤄졌다.

■ 5진 자이툰 헌병대 전우

---

1) 2004년 2월 23일부터 2008년 12월 20일까지 이라크에 파병돼 평화유지와 재건을 위해 활동한 대한민국 육군의 민사 부대다. 자이툰은 아랍어로 올리브를 뜻하며 평화를 상징한다.

힘든 일과를 마치고 사무실에 돌아와 마주하는 건 서아시아(중동) 지도였다. 파병지인 이라크는 물론 인접 국가까지 외우고 국경을 그렸다. 이라크 북부와 국경을 마주한 튀르키예, 남쪽의 쿠웨이트, 동쪽의 이란, 서쪽의 사우디아라비아와 요르단. 모든 걸 머릿속에 각인시켰다. 그렇게 한 달간의 교육을 마치고 8월 이라크로 파병됐다.

서울공항에서 대한항공 여객기를 이용해 약 16시간 비행 후 쿠웨이트 알리 알 살렘 공군기지에 도착했다. 우리의 아버지와 삼촌들이 돈을 벌기 위해 왔던 중동이다. 비행기 출입구가 열리는 순간 모두 '헉' 소리를 냈다. 살아오면서 경험하지 못한 더위였다. 공기 자체가 달랐다. 뜨겁고 건조한 공기가 콧구멍 속으로 들어와 촉촉한 코안 점막을 순식간에 태워버리는 고통을 줬다.

버프를 올려 코를 막았다. 여객터미널도 없는 황무지에서 대한민국 공군의 수송기를 기다렸다. 기다림은 짧았지만 8월의 뜨거운 중동 날씨를 맛봤다. 곧 도착한 대한민국 공군의 C-130H 수송기를 타고 이라크 아르빌로 향했다.

공군 수송기는 1진과 함께 전개해 쿠웨이트와 이라크를 오가며 임무를 수행하고 있었다. 이라크는 전쟁지역이었다. 아르빌에 도착하기까지 공군 수송기는 적의 적대세력 직사화기(RPG-7, 대공포)로부터 안전을 보장받기 위해 전술비행을 했다. 한마디로 곡예비행이었다. 정신없이 하늘을 오르내리며 혼을 빼놨다. "멀미할 수 있다"는 선배들의 이야기를 몸소 체험했다.

▪ 쿠웨이트에서 아르빌까지 5진을 수송해 준 공군의 C-130H ▪ 적대세력이 사용한 대공포의 일종

수송기가 하늘을 오르락내리락하면서 탑승객의 정신을 모두 빼놓은 사이 안전하게 아리빌공항에 착륙했다. 쿠웨이트보다 기온이 낮았다. 전쟁이 끝난 지 얼마 안 돼서일까. 재건된 공항에는 활주로와 작은 공항청뿐이었다. 우리는 청사를 경유하지 않고 바로 활주로에 주차된 버스와 군용트럭에 탑승했다. 공항에서 4진 헌병대와 특전사 대원들의 호송을 받으며 자이툰 사단 주둔지로 이동했다. 오랜 시간 사막의 모래바람이 만든 언덕 아래에 부대가 편성돼 있었다. 헌병대는 사단사령부 앞쪽으로 작은 언덕 아래 컨테이너 7동이 전부였다.

그곳에서 태어나 처음으로 중동 사람을 만났다. 아르빌 대학 영어영문학과를 나온 그의 이름은 베자르였다. 그는 헌병대 민사작전 시 경호 임무를 함께 수행했다. 당시만 해도 아랍어를 할 수 있는 한국인이 없다 보니 영어를 구사하는 현지인과 계약해서 영어-아랍어로 통역을 했다. 민사작전 시 현지 경찰과 군을 통제하기 위해서는 베자르와 같은 현지 통역이 필수였다.

■ 주이라크대사 경호 임무를 함께 수행했던 故 베자르

첫인사에서 '우리는 피를 나눈 형제'라며 자신을 소개했다. 한국전쟁 당시 자신의 선조들이 한국을 돕기 위해 전쟁에 참전했다고 얘기했다. 하지만 선뜻 이해되지 않았다. 한국전쟁 참전국 중 이라크는 없었기 때문이다. 다시 설명을 부탁했다. 자신의 선조가 쿠르드족이라고 했다. 한국전쟁이 발발하자 튀르키예에서는 용맹하기로 소문난 쿠르드족 병사를 선발해 한국전쟁에 참전시켰다는 사실을 알게 됐다. 그때부터 이라크 북부지역과 국경을 두고 있는 튀르키예, 그리고 주변 국가에 대해 더 관심이 생겼다.

우리나라와 튀르키예는 지리적으로 멀다. 직선거리 약 7만8069㎞, 항공편 거리는 대략 1만㎞ 정도 된다. 아시아 지도를 보면 튀르키예는 서쪽 끝 유럽과 맞닿아 있다. 대한민국은 동쪽 끝자락에 있다. 하지만 과거부터 민족적으로 친밀한 관계를 맺고 있었다.

■ 아시아 지도 ┃ 출처 구글 지도

아마도 역사책에 등장하는 돌궐을 기억할 거다. 이 민족을 투르크족이라고 부른다. 돌궐은 몽골계 유목민으로 고대 동아시아 역사에서 굉장한 영향력을 발휘하는 민족이었다.

돌궐이 동아시아에서 성장하고 있을 때 우린 고구려 시대였다. 고구려와 돌궐의 연합으로 당나라와 싸웠던 기록도 있다. 고구려의 연개소문은 돌궐 공주와 혼인했다. 즉 강력한 동맹관계였다. 이후 돌궐인들이 여러 곳으로 이주하면서 가장 크게 건설한 국가가 바로 튀르키예다.

튀르키예 국민은 돌궐을 조상이라고 생각하며 돌궐제국[2]에 대해 학교 과정별 역사 시간에도 심도 있게 다룬다. 가지안테프[3](해외긴급구호대가 처음 입국한 공항 지역) 시내에 자리한 돌궐제국 당시 빌케 카간을 칭송하는 오르혼 비석에는 '투르크와 고구려는 형제'라고 쓰여 있다. 지금까지도 튀르키예에는 지배민족인 투르크족과 소수민족인 쿠르드족이 함께 살고 있다.

■ 오르혼 비석 | 출처 네이버

---

[2] 552~745년까지 중앙아시아와 동북아시아 북부 스텝 지대(지금의 몽골, 카자흐스탄 초원)에서 활동한 튀르크계 민족과 그들이 세운 제국
[3] 튀르키예의 남동부에 위치한 6번째로 큰 도시다. 인구 203만명, 면적은 7642㎢로 바다를 끼고 있어 해상무역의 요충지다.

1950년 6월 25일 북한군은 남한을 무력적화통일하기 위해 소련제 전차를 앞세워 38선을 넘었다. 대한민국 정부는 즉시 유엔(UN)에 도움을 요청했다. 이에 튀르키예는 신속하게 참전을 결정하고 9월 25일 이스켄데룬(해외긴급구호대가 첫 번째 도움을 주기 위해 방문한 도시)에서 10개 여단 2만1212명의 병사를 수송함에 태워 10월 18일 부산항에 도착했다.

　그 후 군우리 전투와 금양장리 전투, 퇴계원 전투, 네바다 전투를 승리로 이끌면서 한국전쟁 전세에 결정적인 영향을 미쳤다. 큰 전투를 승리로 이끌었지만 안타깝게도 참전자 중 사망자 724, 실종자 166, 부상자 1599명이 발생했다. 휴전 후 3만5324명을 파병해 전쟁으로 파괴된 대한민국 재건에도 도움을 줬다. 우리 정부는 1973년 튀르키예 건국 50주년을 기념해 수도 앙카라에 6.25전쟁(한국전쟁) 참전 기념탑을 건립했다.

▪ 터키 한국전쟁 참전 기념탑 | 출처 네이버

이라크 파병 시 베자르가 피를 나눈 형제라며 자신을 소개했던 이유가 단순하게 한국전쟁 당시 튀르키예군으로 참전한 쿠르드족이 자신들의 선조이기 때문이라고 생각했다. 하지만 이번 해외긴급구호대 파견으로 베자르가 형제라고 했던 의미를 깨달을 수 있었다.

　튀르키예와 다시 한번 뜨거운 피를 나눈 형제임을 젊은 세대가 알게 된 건 2002년 월드컵 3, 4위전이 아니었을까? 관중석 위아래로 태극기와 튀르키예 국기가 나란히 펄럭이는 가운데 승부를 떠나 멀리 떠났던 형제가 다시 찾아와 축제를 한 분위기였다.

▪ 2002년 한·일 월드컵 3, 4위전 응원 모습 | 출처 네이버

　당시 BBC 방송에서는 "대한민국이 보여준 우정어린 사랑은 최고의 선물이었다"며 튀르키예를 부러워했다. FIFA에서는 이 경기를 역사상 가장 멋진 페어플레이 게임 1위에 올리기도 했다.

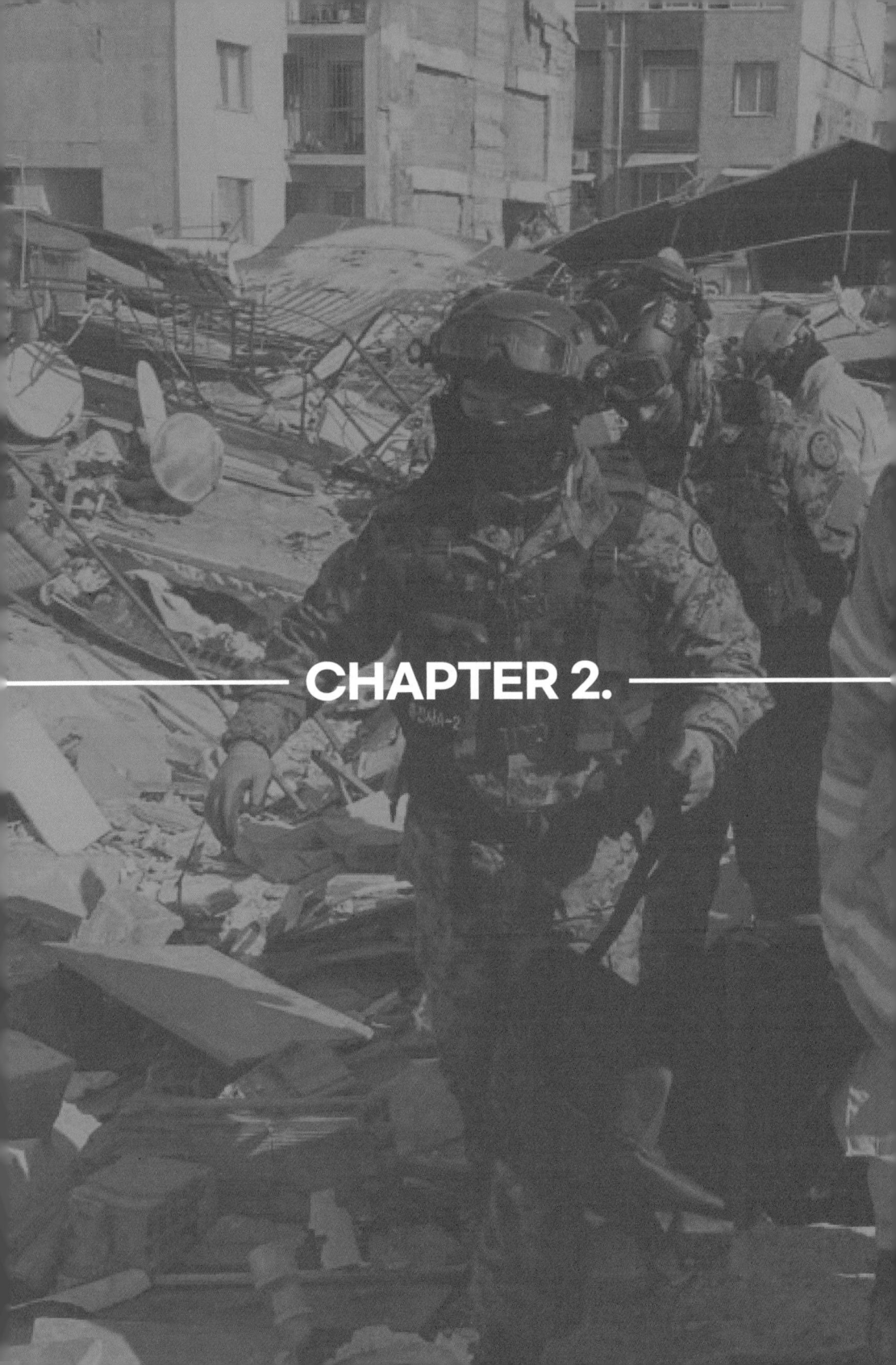

CHAPTER 2.

대한민국 해외긴급구호대

01 해외긴급구호대 vs 국제구조대

02 해외긴급구호대 국제구조대 소집

03 대한민국 해외긴급구호대 출동

대한민국 해외긴급구호대

01 해외긴급구호대 vs 국제구조대

■ 해외긴급구호대 마크(좌), 국제구조대 마크(우)

　해외긴급구호대와 국제구조대는 무엇이 다를까? '해외긴급구호에 관한 법률'에 '해외긴급구호란 해외재난에 의하여 발생한 피해의 감소, 복구, 인명구조, 의료구호 등 정부 차원에서 피해국을 긴급히 지원하는 모든 활동을 말한다'라고 명시돼 있다. 그리고 해외긴급구호대를 파견하지 못할 땐 의료시설을 포함한 구호 물품과 장비·현금지원, 보건의료 활동, 수송지원, 임시 재해복구 등 다양한 방법으로 피해국을 돕는다. 정부는 인도주의 차원에서 피해국 정부의 요청과 우리나라의 국제적·경제적 위상을 고려해 피해국 또는 국제기구와 긴밀한 협력하에 신속하고 효과적인 해외긴급구호를 수행한다.

해외긴급구호대는 법률에 따라 피해국 또는 국제기구로부터 구호를 요청받거나 구호가 필요하다고 판단되면 민·관 합동 해외긴급구호협의회를 소집해 파견을 결정할 수 있다. 하지만 파견은 피해국의 요청이 필수다. 이번 튀르키예 지진 대응은 외교부의 발 빠른 외교채널 가동과 정부의 신속한 의사결정이 큰 몫을 했다. 아울러 튀르키예도 대한민국에 도움의 손길을 요청했기 때문에 대한민국 해외긴급구호대(KDRT)[1]가 신속하게 편성·파견될 수 있었다. 이번 해외긴급구호대는 외교부(KOICA)와 행정안전부(소방청), 국방부(공군본부, 특전사령부, 의무사령부)로 편성됐다. 솔직히 특전사가 함께 파견돼 놀랐지만 다른 의미에서 좋은 기회가 아니었을까 생각해 봤다. 한국전쟁 당시 대한민국의 자유민주주의를 수호하기 위해 참전해 준 튀르키예에 도움을 주고자 대한민국 국방부의 간판스타 특전사가 도우러 간다면 명분은 충분했다.

■ 출처 중앙119구조본부 해외긴급구호대 자료

지진 등 해외재난 시 파견되는 대한민국 해외긴급구호대 편성은 외교부의 코이카(KOICA)가 현지 물류를 담당한다. 소방청 중앙119구조본부에서는 인명구조, 보건복지부 국립중앙의료원 의료팀은 현장에서 구조된 인원의 응급처치와 대원들의 건강을 확인한다. 하지만 이번엔 국립중앙의료원 의료팀이 아닌

---

[1] Korea Disaster Relief Team

국군의무사령부 소속의 군의관 2명과 간호장교 4명이 함께 했다.

　처음엔 인원과 장비 등 세부적인 내용을 구체적으로 알지 못해 파견 규모를 예측할 수 없었다. 이는 해외재난 상황이 다양하고 정부 지원 범위에 융통성을 주기 위한 게 아니었을까 짐작된다. 이번 튀르키예 지진 대응 해외긴급구호대 인원은 지금까지의 파견 중 가장 많은 121명이었다. 해외긴급구호대장은 원도연 외교부 개발협력국장이 맡았다.

▪ 튀르키예에 파견된 대한민국 해외긴급구호대 편성 · 인원

　튀르키예 지진 대응 해외긴급구호대는 출국 전부터 많은 언론의 조명을 받았다. 관련 기사를 찾다가 해외긴급구호대와 국제구조대를 동일 개념으로 작성한 걸 본 적이 있다. 아마 자주 있는 일이 아니어서 기자분들도 구별하기 쉽지 않았을 것이다.

▪ 출처 네이버뉴스 페이지

　앞서 설명했듯이 국제구조대는 해외긴급구호대의 일부분이 될 수 있다. 하지만 국제구조대만 단독으로 파견될 때도 있다. 2007년 '해외긴급구호에 관한 법률'이 시행되기 전에는 소방청 중앙119구조본부에서 운용하는 국제구조대가 대한민국을 대표해 해외 재난지역 피해국으로 파견됐다.

최근 국제구조대 파견 사례는 2019년 5월 29일 헝가리 부다페스트 다뉴브 강에서 한국인 관광객 33명을 태운 유람선이 크루즈선과 충돌해 침몰한 사고 때다. 이때 정부에서는 소방청 중앙119구조본부 국제구조대를 포함해 다수 기관에서 수중구조가 가능한 인원을 선발·파견했다.

연합뉴스 2019.07.30. 네이버뉴스
다뉴브강 수색마친 소방청 **국제구조대**
헝가리 부다페스트 **다뉴브강**에서 발생한 유람선 허블레아니호(號) 실종자 수색을 위해 파견됐던 소방청 **국제구조대** 2진이 두 달간의 활동을 마치고 30일 오전 인...
■ 출처 네이버뉴스 페이지

'국제구조대의 편성·운영에 관한 규정'엔 '국제구조대란 외국에서 대형재난 등이 발생한 경우 재외국민의 보호 또는 재난발생국의 국민에 대한 인도주의적 구조활동을 위하여 편성 및 운영하는 구조대'라고 명시돼 있다.

국제구조대는 소방청에서 업무를 주관한다. 중앙119구조본부에서는 운영, 교육·훈련에 관한 사항을 위임받아 처리하고 있다. 이처럼 해외긴급구호대와 국제구조대는 상황에 따라 파견 규모와 성격이 달라질 수 있다.

국제구조대는 1997년 캄보디아 페놈펜에서 한국인 24명을 포함해 65명이 탑승한 여객기가 추락하면서 전원 사망한 사고에 처음으로 파견됐다. 그 후 2023년 튀르키예 지진까지 총 18회 해외재난 발생 피해국에 파견돼 생존자 9명을 구조하고 안타깝게 희생된 560명의 시체를 수습했다. 또 국제구조대의 위상과 역량을 높이기 위해 2011년에 유엔 인사락(UN INSARAG)[2] 등급 분류(IEC, INSARAG External Classification) 평가를 받아 세계에서 18번째로 '헤비(Heavy)' 등급[3]을 획득한 나라가 됐다.

---

[2] International Search and Rescue Advisory Group. 국제탐색구조자문단으로 1985년 멕시코 지진, 1988년 아르메니아 지진에서 함께 활동한 전문 국제 USAR팀이 발의해 1990년 창설됐다. 정부 간 인도주의적 네트워크로 재해 경감을 위한 국제 전략의 이행에 이바지하는 조직이다.

[3] 붕괴 또는 파손 구조물에서 철근 콘크리트 구조물을 절단, 파괴, 인양 기법 등을 이용해 해체할 능력과 복잡한 기술 탐색·구조활동 능력 보유

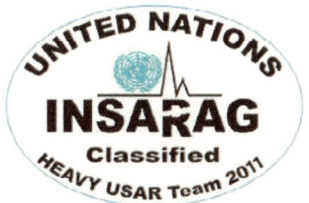

▪ 2011년 최초 유엔 인사락 헤비 등급 획득 패치

인사락 등급은 분류 평가 결과에 따라 헤비(Heavy), 미들(Middle), 라이트(Light)로 나뉜다. 이 중 헤비 등급을 받게 되면 국제적 수준의 구조역량을 보유한 국가로 인정받게 됨과 동시에 해외재난 시 적극적으로 지원할 수 있는 명분을 가진다. 인사락 등급 분류 평가를 받는 이유는 첫째, 세계적 구조실력을 검증받기 위해서다. 인사락 체계를 이해하고 가이드라인에 따라 동원소집부터 훈련 종료까지 모든 절차를 분야별 국제평가관에 의해 평가받게 된다.

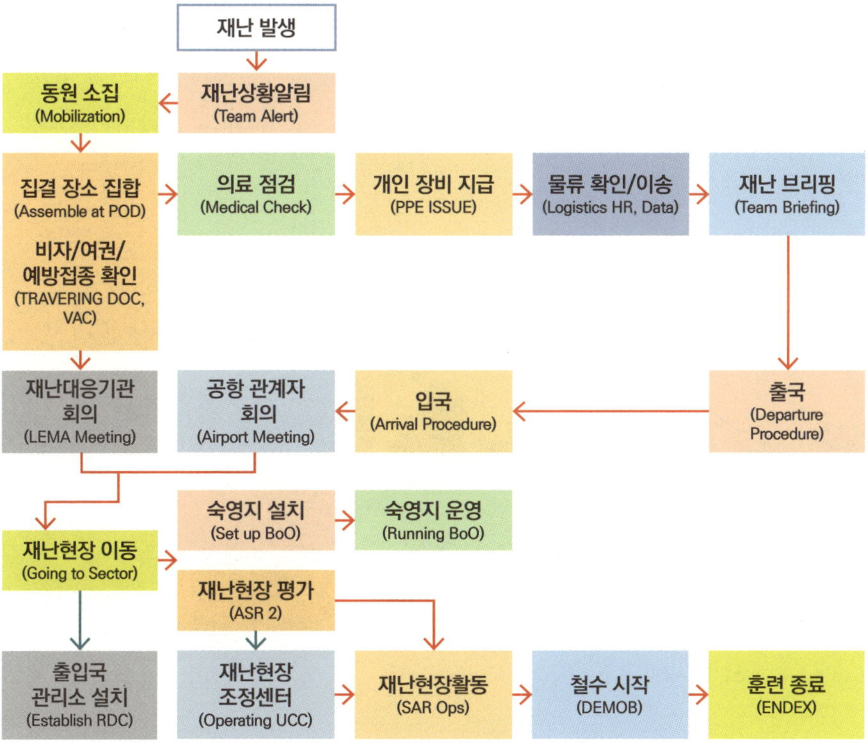

▪ (재)등급분류 훈련 흐름도 | 출처 중앙119구조본부 인사락 자료

평가 항목 중 하나라도 레드(RED)를 받으면 탈락이다. 한마디로 헤비 등급을 받기 위해선 75명의 평가 수검 대원들이 혼연일체가 돼 최상 그 이상의 노력과 열정을 쏟아부어야 한다.

둘째, 해외재난 발생 시 피해국에서 구조 능력이 우수한 구조팀 파견을 우선 요청할 수 있는 기준이 된다. 예를 들어 우리나라에 재난이 발생했다고 가정해 보자. 내가 대통령이라면 어느 나라에 도움을 요청하겠는가. 유엔에서 검증된 우수한 구조팀을 보유한 나라에 먼저 도움을 요청할 것이다. 튀르키예가 우리나라에 공식적으로 구조팀 파견을 요청했다는 사실만으로 입증됐다고 볼 수 있다.

인사락 재등급 분류(IER, INSARAG External Reclassification) 평가는 5년마다 이뤄진다.

■ 대한민국 해외긴급구호대 유엔 인사락 헤비 등급 재인증

2016년에 재등급 분류 평가를 받아 헤비 등급을 재인증했고 2021년 재등급 분류 평가는 코로나19 사태로 연기됐다. 그리고 2023년 10월에 진행된 평가에서 헤비 등급 재인증을 받았다.

 이처럼 세계적인 구조기술 수준을 유지하며 국내 재난 전문 대응조직으로, 때로는 해외긴급구호대 또는 국제구조대로 파견돼 우리나라의 이름을 전 세계에 알리는 우리는 국가대표 소방관이다.

02 해외긴급구호대 국제구조대 소집

과거 추억 소환 후 언론의 분위기는 시시각각 급변하고 있었다. 아내와 마트에서 장을 보고, 둘째 딸을 어린이집에서 픽업하고, 간식 먹이고 정신없이 바빠서 지진에 대해 잠시 잊고 있었다.

저녁을 먹고 두 딸과 장난감을 가지고 놀고 있었다. 식탁 위에 놓아둔 휴대전화에서 진동이 느껴지자 둘째 딸이 벌떡 일어나 가져다줬다. 문자를 확인해 보니 '튀르키예 지진 발생 관련 긴급공지'였다.

2월 6일 월요일 　　　　　　　　　　　　　　　　　　　　　MMS 오후 7:15

> [web발신]
> 〈튀르키예 지진 발생 관련 긴급 공지〉
> 1. 2023. 2. 6. 10:17 튀르키예 가지안테프 62㎞ 지역 진도 7.8 지진 발생
> 2. 피해 현황: 사망자 175명 부상자 440명 이상(14:35분 AP통신 기준)
> 3. 위 상황과 관련, 인력풀 전 직원은 국제구조대 출동에 대비하여 음주 및 장거리 여행을 자제하여 주시기 바라며 출동이 불가능한 직원은 출동불가 사유를 휴대전화 문자로 회신하여 주시기 바랍니다.

문자를 보고 곧 국제구조대 인력풀 대원이 소집될 것을 직감했다. 내일 당번 근무를 위해 오후 10시 10분께 침대에 누워 휴대전화 알람을 오전 6시로 설정했다. 카카오톡 알람 차단 기능이 설정돼 있는지 확인하고 눈을 감았다.

아침 6시 기상은 직업군인 때부터 변하지 않는 습관 중 하나다. 눈을 감고 얼마나 잤는지 모르겠지만 침대 옆 협탁에서 미세한 휴대전화 진동이 귀를 통해 달팽이관을 자극했다. 그리고 문자가 왔다는 신호가 뇌로 전달됐다. 반사적으로 휴대전화를 잡아 화면을 두 번 터치했다. 어둠 속에서 휴대전화 화면의 밝은 빛이 동공을 자극했다. 시계는 00시 51분이었다. 휴대전화 문자 아이콘을 클릭하니 한 통의 새로운 문자 메시지가 보였다.

2월 7일 화요일   MMS 오전 12:51

> [web발신]
> 국제업무 담당자입니다.
> 2023.2.6.(월) 현지 기준 발생한 진도(7.8 강도)
> 재난 대응 출동 인력 대상 발송되는 메시지입니다.
>
> 現 2.8(수) 00시에 한국에서 튀르키예로 출발 예정입니다.
>
> 다시 한번, 메시지를 받으신 분들은 출동 대기에 만전을 기해주시기 바랍니다.
>
> *** 여권 분실 및 유효기간 만료를 제외한 나머지 사유로 인해 출동 제외는 불가하오니 출동태세 확립에 만전을 기하시기 바랍니다.

    이어서 오전 2시 1분, 2시 3분, 4시 5분에 동일 문자가 계속 휴대전화 진동으로 감지됐다. 국제업무담당자가 새벽시간 국제구조대 인력풀 61명 모두에게 전화할 수 없는 상황이니 문자로 먼저 상황을 알리고 있는 듯했다. 새벽부터 울리는 문자 진동에 잠을 깊게 청하지 못하고 뜬눈으로 앞으로 진행될 일에 대해 생각해 봤다. 당분간은 지금처럼 평온한 일상을 누리기 힘들 것 같았다.

    오전 5시가 넘으니 더 이상 침대에 누워 있는 건 무의미했다. 일어나 책상 앞에서 머리를 정리하고 아내에게 간단한 쪽지를 남겼다. 걱정하지 말라는 내용과 내가 없는 동안 빈자리에 대한 당부였다. 쪽지를 어디에 두고 갈지 고민하다 혹시 출동이 취소돼 다시 돌아오면 괜한 소리를 한 게 될 것 같아 연습장 뒷장에 넣어 뒀다. 책상을 정리하고 옷방에서 양말, 속옷, 세면도구까지 출동에 필요한 개인 물품을 모두 챙겼다.

    오늘 출근하면 어떻게 될지 장담할 수 없어 가족들의 얼굴을 보고 갈 생각으로 안방에 들어갔다. 휴대전화 불빛으로 잠자는 아내와 두 딸의 얼굴을 봤다. 너무도 사랑스러웠다. 내 삶의 전부인 사랑하는 가족이다. '혹시나 다시 보지 못하면 어떻게 하지'라는 생각에 잠자는 아내와 아이들을 깨워 인사하고 싶었지만 출발 전부터 걱정을 주고 싶진 않았다. 조용히 현관문을 열고 나오니 아직 어둠이 짙게 깔려있었다.

  과거에도 국제구조대를 소집시켜 놓고 대기만 하다가 취소된 적이 여러 번 있었다는 얘기를 많이 들었다. 솔직히 '이번에도 비슷한 경우가 될 확률이 있겠다'고 생각하는 순간 한 통의 문자가 왔다. 운전대를 한 손으로 잡고 문자 메시지를 확인했다.

2월 6일 월요일　　　　　　　　　　　　　　　　　　　　　　MMS　오전 7:37

> [web발신]
> 〈긴급 공지〉
> 터키(튀르키예) 지진 관련 출동 인력 소집 계획
> 해당인원: 붙임 참고
> 집결장소: 수도권119특수구조대
> 집결방법: 각 소속 특구대(센터 포함)에 집결 후 수송버스로 이동(15시 한)
> 기타사항: 붙임 참고

  이번엔 꼭 갈 것만 같았다. 그리고 가족과 인사도 못 하고 온 게 후회됐다. 센터에 도착하니 전날 당번팀 근무자 중 함께 국제출동을 갈 후배가 차고에서 출동 시 준비해야 할 개인장비를 챙기고 있었다. 나도 개인장비 가방을 꺼내 목록에 포함된 카라비너와 개인 출동 배낭, 안전벨트, 귀마개, 방한복, 속옷, 구조화, 안전화, 출동 조끼, 보호안경, 기동복, 방화복을 챙겼다.

  그리고 사무실로 올라가 진행 중이던 업무들을 동료들에게 인계했다. 충청강원119특수구조대에서 함께 국제출동하는 직원들과 식당에서 이른 점심을 먹었다. 식사를 마치고 나오는 길에 동료들은 "무사히 잘 다녀오라"는 인사를 건네줬다.

아침까지는 '설마 갈까'였는데 진짜 가게 됐다. 센터에 개인장비, 물품을 넣은 캐리어와 개인 가방을 챙기고 충청강원119특수구조대 버스에 올랐다. 집합 장소인 수도권119특수구조대까진 대략 2시간이 소요될 것 같았다. 큰일이 닥치면 모든 게 새롭게 보인다는 말이 생각났다.

3년 전 처음 국제구조대 인력풀에 지원할 때 어떤 선배가 내게 이런 말을 했다.

"너 퇴직할 때까지 국제출동 한 번이나 나갈지 모르겠다"

그런데 그 시간이 너무 빨리 온 것 같았다. 버스를 타고 이동하는 동안 네이버와 구글 검색창에 '튀르키예 지진'이라는 문장을 계속해서 검색했다. 전 세계 모든 언론에서 튀르키예 지진에 대해 보도하고 있었다. 관련 동영상을 재생하자 건물이 마치 모래성처럼 무너져 내리는 광경이 펼쳐졌다. 유튜브에서 실시간 영상을 보니 지진으로 파괴된 도시는 마치 폭탄이 떨어진 전쟁터와 같았다. 재난이 아닌 재앙이었다. 광범위한 지역에서 건물들이 팬케이크처럼 무너져 내렸다. 2022년 발생한 광주 아이파크아파트 붕괴 현장과 유사했지만 피해의 참혹함은 말로 표현할 수 없을 정도로 심각했다.

지진 발생 24시간이 지난 시점에서 사망자가 3600여 명이 예상된다면 앞으로는 기하급수적으로 늘어날 게 자명했다. 재난 초기 광범위한 지진 현장에서 정확한 사망자와 피해자 수를 집계한다는 건 사실상 불가능하다.

'지진 피해지역에 대략 몇 명이 거주하고
그중 몇 %가 집 안에 있었을까. 그리고 생존자는 과연 몇 %일까'

상상조차 어려웠다.

오만가지 생각에 잠겨있는 동안 버스는 경기도 남양주시 별내동에 위치한 중앙119구조본부 수도권119특수구조대 정문을 통과했다. 중앙119구조본부의 모체인 수도권119특수구조대에 도착하니 국제출동 인원들과 출동 준비를 도와주는 직원들이 분주하게 움직이는 모습이 눈에 들어왔다. 출동이 점점 실감 나는 순간이었다.

　버스에서 내려 서로의 안부를 물으며 인사 나눌 시간도 없이 개인장비 가방을 들고 강당으로 이동했다. 곧이어 영남과 호남119특수구조대 국제구조대원들이 속속 도착했다. 강당에는 국제업무담당자가 지금까지 수집된 튀르키예 지진 상황과 향후 일정에 대한 브리핑을 준비하고 있었다.

　현재까지 수집된 정보는 언론을 통해 전파된 내용과 비슷했다. 외교부를 포함해 모든 정보 라인을 가동했지만 더 구체적인 정보를 수집하기엔 한계가 있었다. 브리핑이 종료되고 잠시 강당으로 나가보니 벌써 기자들이 몰려와 우리의 행동과 현재 상황을 카메라에 담고 있었다.

▪ 인천공항 해외긴급구호대 물류창고에 보관된 물자 ｜ 출처 연합뉴스

조금 있으니 인천 해외긴급구호대 물류창고에 보관된 출동 물품이 도착했다. 국제구조대 출동복(주황색)을 포함해 여러 물품을 강당으로 옮긴 후 대원들에게 지급했다.

2015년 출동 이후 처음 세상의 빛을 보는 개인 장비가 많았다. 출동복은 그간 훈련 후 세탁해서 다시 보관하기를 반복하다 보니 색이 바랜 곳도 있었다. 사이즈의 경우 일률적으로 구비돼 있어 허리가 맞지 않는 대원들도 있었다.

국내에서 입는 소방 기동복을 벗고 해외긴급구호대 주황색 기동복으로 갈아입었다.

'아! 이제 진짜 출동하는구나!'

생각이 확실해졌다.
조심스레 아내에게 전화를 걸었다.

"집안일 못 도와줘서 미안해"
(14개월 된 둘째 아이가 있어 집안일이 많았는데 도와주지 못해 미안했다.)
"내가 그럴 줄 알았다. 몸 조심히 다녀와"
"역시 소방관 아내야"

한마디로 모든 상황을 이해하고 있었다. 아이들 얼굴이 보고 싶었지만 첫째는 학원, 둘째는 어린이집에 가 있었다. 아내도 아이들을 못 보고 보낸 게 마음에 걸렸는지 "공항에서 꼭 전화해"라고 당부했다.

2월의 겨울바람은 출동대원들의 비장함을 알 듯 우리의 볼과 코끝을 시리게 했다. 국제구조대 61명의 출정식은 수도권119특수구조대 현관에서 진행됐다. 조인재 중앙119구조본부장이 이번 국제구조대의 구조대장으로 임무를 수행하게 됐다.

내부적으로 수도권119특수구조대장이 구조대장 임무를 수행할 예정이었으나 외교부를 포함해 모든 기관장의 직급이 격상됐다. 그만큼 이번 해외긴급구호대 파견의 의미와 무게가 느껴졌다.

　출정식에서 조인재 본부장은 "생존자 구조도 중요하지만 우리의 안전이 확보된 상황에서 구조에 최선을 다하고 출발할 때 인원들이 무사히 함께 복귀하는 게 목표입니다"고 전했다. 그 자리에 있던 61명도 같은 마음이었다.

　출정식이 끝난 후 버스를 타고 인천국제공항으로 향했다. 이번 해외긴급구호대 파견은 민간 항공기가 아닌 공군 수송기로 결정됐다는 얘기가 들렸다.

▪ 해외긴급구호대로 편성된 국제구조대 출정식

　버스에서 대원들끼리 "뭐야, C-130을 타고 그 먼 곳을 간다고?", "하루는 걸리겠다", "가면 끝나겠다" 등 너도나도 한마디씩 말을 보탰다.

　특전사 시절 공군 수송기를 이용해 침투하는 훈련을 받은 적이 있다. 기억을 떠올려 보면 그리 빠른 비행기는 아니었다. 버스가 이동하는 동안 잠시 수송기 이야기로 버스가 떠들썩했다. 하지만 그 떠들썩한 분위기는 곧 정리됐다. 공군에서 새로 도입한 공중급유기(KC-330, 에어버스 사)를 타고 가는 게 확정됐기 때문이다.

　한국에서의 마지막 석양을 보며 인천국제공항 인근에 있는 공군 물류 대행 업체에 도착했다. 새벽에 소집된 물류반 인원들이 해외긴급구호대 물류창고에서 출동 장비를 포장해 이곳으로 옮겨왔다. 버스로 이동한 대원들은 개인별 출동 장비 가방을 내리고 개인 가방만 휴대한 채 다시 버스에 탑승해 인천공항 제1터미널로 이동했다(물류반 대원들이 출동 장비와 개인 출동 장비 가방을 모두 포장·확인한 후 공항으로 이동해 함께 출동했다).

　2월의 낮은 너무 짧았다. 이동하는 길에 벌써 어둠이 내려 우리의 위치를 확인할 수 없었다. 마치 우리의 미래를 보여주는 것 같았다. 제1터미널 10번 게이트에 도착해 개인 가방을 챙겨 공항 내부로 들어섰다.

▪ 공군 물류대행 업체 개인장비 하역

저녁 시간이라 사람은 많이 없었지만 구조대원들의 주황색 물결을 보고 공항 터미널 내부에 있는 관광객들의 시선이 집중됐다. 이 시선에 대한민국을 대표한다는 자부심이 생겼다.

▪ 공항 내부로 들어가는 해외긴급구조대원

마주치는 사람마다 "건강하게 다녀오세요", "파이팅" 등 응원의 말을 건넸다. 우리는 "감사합니다"라는 짧은 문구로 답했다.

아침부터 출동 준비에 정신이 없었다. 점심은 먹었지만 뭘 먹었는지 기억이 가물가물했다. 저녁 식사 시간을 훌쩍 넘겨 공항에 도착했는데도 누구 하나 허기진 기색이 없었다. 간단하게 식사한 후 오후 9시까지 10번 게이트 앞으로 다시 집합하라는 내용이 전달됐다. 배는 고프지 않았지만 앞으로의 상황이 어떻게 전개될지 모르니 배를 채워야겠다는 생각에 식당을 찾았다. 친한 형님과 저녁식사를 하고 편의점 앞 의자에 앉아 달콤한 커피를 마시면서 이야기를 나눴다.

"형님, 이제 진짜 가는 거 같은데요"
"아직 몰라. 수송기가 이륙해야 가는 거지"

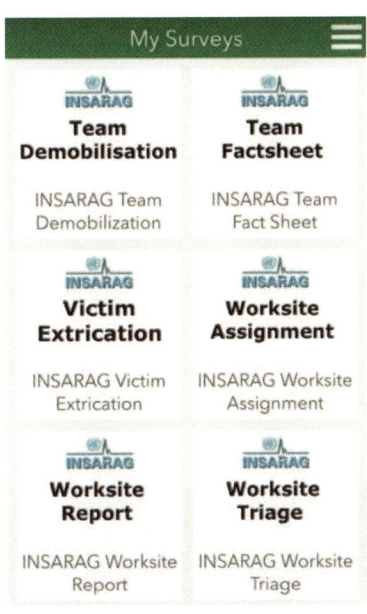

- Survey123 애플리케이션 Team Fact Sheet

"설마, 뉴스까지 나왔는데 안 갈까"
"이륙하면 가는거지"
"하하하"
(이 웃음이 복귀할 때까지
가장 큰 웃음이었다.)

여러 번 국제출동 경험이 있는 사람들도 일사천리 진행되는 지금 상황에 정신이 없었다. 운영반에서는 출국 전 GDACS[4] VOSOCC[5]에서 튀르키예 정보를 계속 수집했다. 아울러 대한민국 해외긴급구호대가 출동한다는 내용을 알리기 위해 Survey123 애플리케이션 Team Fact Sheet를 작성했다.

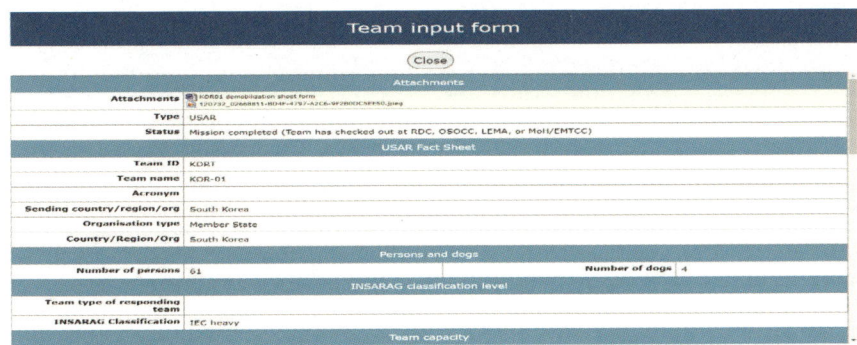

- Survey123 애플리케이션에 작성된 Team Fact Sheet는 VOSOCC에서 확인

---

4) Global Disaster Alert and coordination system, 지구재난경보조정체계
5) Virtual On-Site Operations Coordination Center, 가상 현장활동 조정센터

국제사회에 대한민국 해외긴급구호대가 튀르키예 지진 대응을 위해 출발한다는 내용을 담는다. 대한민국 해외긴급구호대 아이디는 'KDRT'다. 공식적인 대한민국의 팀 이름은 'KOR-01'이다(Team name KOR-01~09까지는 정부 조직으로 등급 분류 평가를 받아 헤비 등급을 보유한 조직이나 기관에 부여된다. Team name KOR-10부터는 정부 조직 또는 NGO[6]단체로 등급 분류 평가를 받았지만 미들, 라이트 등급을 획득했거나 평가를 받지 않은 조직이나 기관에 부여된다).

출국 전 최신화된 ICMS[7] 화면 정보가 공유됐다.

▪ ICMS 화면

ICMS Dashboard에는 튀르키예 지진 지역에 UCC[8]와 SCC[9]가 표시돼 있었다. 그리고 나라별 구조대 현황과 작업 위치, 생존자 구조 현황, 사망자 현황·좌표 등이 함께 보였다.

---

6) Non-governmental organizations, 비정부 기구
7) INSARAG Coordination and Management System, 조정·관리체계
8) USAR Coordination Cell, 도시탐색구조 조정단
9) Sector Coordination Cell, 부분 조정단

이 프로그램의 일부 현황은 현장 구조대원들에 의해 입력되기 때문에 구조작업의 시간과 성격에 따라 자료의 최신화는 달라질 수 있다. 그러다 보니 표시되는 현황이 정확하진 않다. 하지만 시간이 지나면서 정확도는 높아진다. 모든 구조 활동이 종료되면 UN에서는 이 프로그램을 이용해 튀르키예 지진 대응에 투입된 나라별 구조대 현황이나 생존자 수, 사망자 수, 동원된 물자 등의 자료를 확보해 활용할 수 있다.

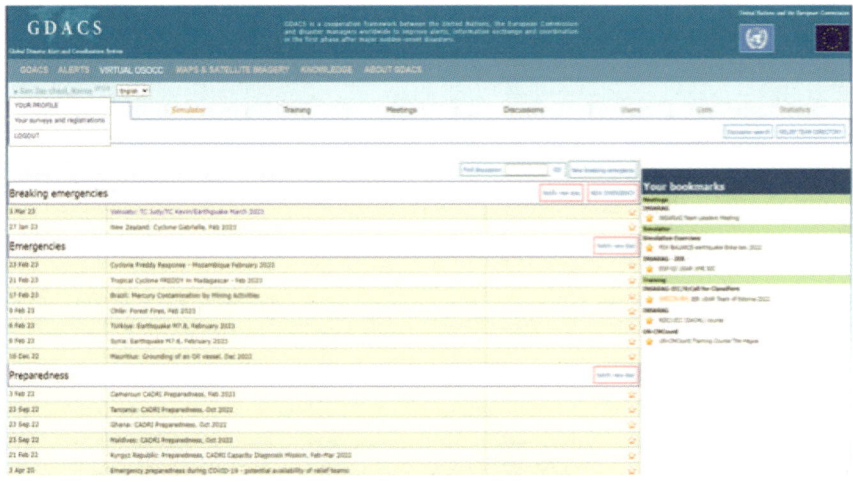

- VOSOCC 접속 화면

VOSOCC에 접속해 튀르키예 지진 현장에 대한 정보도 지속해서 공유했다.

03 대한민국 해외긴급구호대 출동

 이번 튀르키예 지진 대응 해외긴급구호대에는 몇 가지 수식어가 붙었다. '역대 최단 시간 내에 파견 결정'과 '역대 최다 인원 파견'이다.
 수식어처럼 우린 72시간 골든타임 내 튀르키예에 도착해 구조 활동을 전개할 수 있는 확률이 높아졌다. 파견 규모는 해외긴급구호대장으로 외교부 개발협력국 원도연 국장을 포함해 외교부 3, 소방청 1, 중앙119구조본부 62, 코이카 6, 특전사 43, 국군의무사령부 6명 등 총 121명(선발대 3명 포함)이다.
 지금까지 대한민국은 국제사회 인도주의적 공헌의 일환으로 이름은 다르지만 해외긴급구호대와 국제구조대를 피해국에 각각 파견했다. 이번 튀르키예까지 포함하면 18번째다.
 지난 17번의 파견 중 생존자를 구조한 건 대만 대지진 때 한 명이 전부다. 1999년 대만 대지진 당시 국제구조대인 중앙119구조대(현 중앙119구조본부)가 파견돼 지진 발생 87시간 만에 무너진 건물 더미에서 6살 장징훙 군을 극적으로 구조했다.

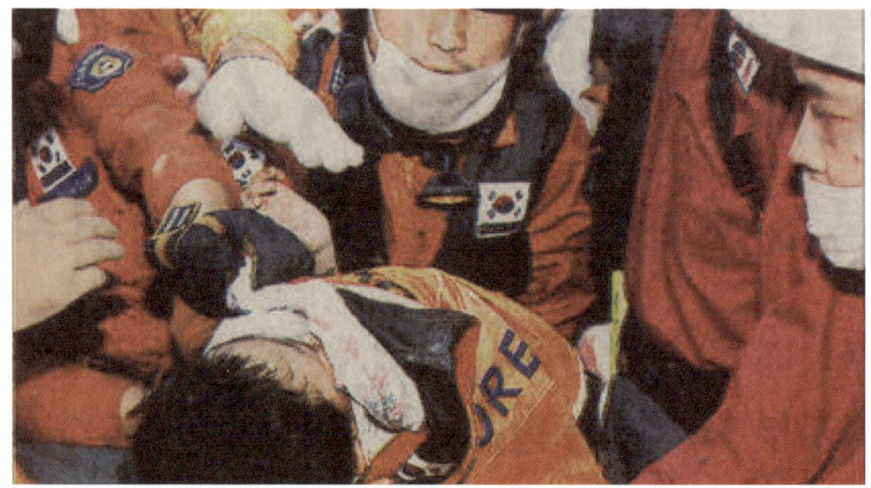

▪ 한국 119구조대원들이 24일 대만 다리기 아파트 붕괴 현장에서 장징훙(6)군을 극적으로 구조하고 있다.
 | 출처 대만/연합(1999.9.24)

당시 우리나라와 대만의 외교적 분위기는 최악이었다. 1992년 체결된 한중 수교로 인해 그해 8월 24일 외교 관계가 단절된 상황이었다. 하지만 대만 정부는 생존자 구조에 대한 감사의 뜻으로 중앙119구조대에 활보살[9]이라고 명명한 기념상을 보내왔다(중앙119구조본부는 이 상을 7배로 확대해 앞뜰에 자리를 잡아줬다).

- 보살만이 사람을 구할 수 있는데 우리 구조대가 사람을 구해 '살아있는 보살'이라고 비유했다.

9) 활보살(活菩薩): 중생을 살리는 보살

대만 대지진 피해 현장의 국제구조대 파견과 극적인 어린아이 구조로 양국 간 단절된 외교 관계는 개선되기 시작했다. 그 후 여러 번 국제구조대가 해외에 파견됐지만 생존자 구조 소식을 가져오진 못했다. 하지만 이번 튀르키예 지진 대응 해외긴급구호대 파견은 느낌이 달랐다. 정부의 빠른 의사결정과 대통령의 지지로 출동 시기가 늦어 생존자를 구조할 수 없던 과거와는 달랐기 때문이다.

무너진 건물에서 매몰자가 생존해 있을 가능성이 큰 골든타임(72시간)의 끝자락에 도착해 우리가 얼마나 많은 생존자를 구조할지 누구도 장담할 수 없었지만 대원들은 직감했다. 이처럼 빠른 의사결정으로 우리를 파견해 준다면 우리도 생존자를 구조할 수 있다는 희망이 있었다.

2013년 필리핀 쓰나미와 같은 재난 지역에서 생존자를 구조한다는 건 현실적으로 불가능하다. 하지만 아이티, 네팔 등 지진으로 인해 무너진 건물에서는 생존자를 구조할 확률이 높다. 무너진 건물 사이나 내부에 공간이 생기면 그 공간에서 생존 가능한 시간을 벌 수 있기 때문이다. 특히 튀르키예 지진은 대부분 도시지역을 따라 광범위하게 발생했다.

사전 정보에 의하면 튀르키예 도시 대부분은 우리나라 빌라와 같은 건물이 많았다. 건물이 무너지면서 내부에는 크고 작은 공간이 생길 확률이 높고 생활하던 주거지에는 물과 식량이 있을 가능성이 컸다. 튀르키예 도착 전이지만 여러 상황을 분석해 볼 때 생존자를 구조할 수 있다는 희망과 믿음이 생기기 시작했다.

생존자 구조의 희망을 이야기하고 있는 동안 시간은 흘러 소방청장 직무대리(전 소방청장 남화영)가 해외긴급구호대에 소속된 국제구조대원을 격려하기 위해 인천공항에 방문할 시간이 됐다. 게이트에서 가까운 곳에 정렬해 기다리는 동안 서로 웃고 있지만 웃는 게 아닌 긴장의 눈빛이 느껴졌다. 소방청장 직무대리는 "건강하게 잘 다녀오세요"라는 격려와 함께 출동 대원에게 악수를 청했다. 출동 대원의 이름을 불러주며 눈빛으로 무사 귀환을 주문했다.

▪ 소방청장 직무대리 환송식

▪ 외교부 2차관 환송식

격려가 끝나고 함께 단체 사진을 찍었다. 우린 훗날 소방 역사의 한 페이지가 될 사진을 비장한 마음으로 남겼다.

출국 전 마지막 행사는 외교부 차관의 격려였다. 시간이 조금 남아 서로 앞으로의 이야기를 나누며 잠시 쉬고 있는데 갑자기 검푸른 복장의 특전사 군인들이 등장했다. 이미 함께 갈 수 있다는 이야기는 들었지만 진짜로 함께 가게 될 줄은 몰랐다. 18년간 군 생활을 했지만 특전사가 비무장으로 해외 파견을 나갔다는 걸 들어본 적이 없다.

특전사는 북한군이 두려워하는 대한민국의 최정예 특수부대이자 사람을 죽이는 데 특화된 부대다. 그런데 이번에는 사람을 살리러 간다. 어떻게 이런 정치적 의사결정이 내려졌는지 우리에겐 중요하지 않았다. 튀르키예에 함께 갈 동지가 생겨 마음 한편으로 든든했다. 튀르키예 지진 대응에 최선을 다하는 게 우리 임무다. 이미 베레모를 쓴 특전사 대원들과 함께 새로운 역사를 쓸 준비가 돼 있었다.

작전계획이 없으면 움직이지 않는 국방부가 이번엔 많은 변수를 두고 특전사와 국군의무사령부를 투입했다. 중앙119구조본부 대원 대부분이 특수부대를 전역한 사람으로 구성돼 있어 국제구조대원들 대다수가 특전사 출신이었다. 후배를 바라보는 구조대원과 구조대원을 바라보는 특전사 후배들 사이에는 어색함이 감돌았다.

외교부 차관의 격려사가 끝나고 주한 튀르키예 대사의 격려사가 이어졌다. 튀르키예 여성 통역관은 한국어로 자연스럽게 통역했다. 통역 중 "한 사람을 구하는 것은 전 인류를 구하는 것이다"는 말에 절박함이 느껴졌다. 튀르키예 지진 현장에서 한 사람이라도 구조해달라는 당부로 들렸다.

"그럼 너는 인류를 구한 한 사람이 되는 것이다"

대한민국 해외긴급구호대원들에게 최선을 다해달라는 핵심 문장으로 느껴졌다.

모든 행사는 오후 10시가 넘어서야 마무리됐다. 튀르키예 지진 발생 지역에는 로밍서비스도 제한적이라는 외교부 직원의 말에 누가 먼저랄 것도 없이 사랑하는 가족과 통화하기 바빴다. 출국 전 아이들 얼굴을 더 담고 싶은 아빠들, 부모님께 안부를 전하는 아들들, 사랑하는 연인과 이별의 정을 나누는 대원들이 곳곳에서 통화를 이어갔다.

나 또한 10살 첫째 딸, 13개월 된 둘째 딸과 영상통화를 했다. 아직 말문을 열지 못한 둘째 딸이 갑자기 '아빠'라고 소리를 질렀다. 순간 눈물이 핑 돌았다.

아내는 집 걱정하지 말고, 밥 잘 챙겨 먹고, 건강하게 잘 다녀오라고 인사를 건넸다. 아내의 눈가도 촉촉해졌다. 서로 말없이 얼굴만 보다가 손을 흔들며 "조심히 건강하게 잘 다녀오겠다"고 아내와 아이들에게 약속했다. 사랑하는 가족이 있기에 더 힘이 났고 건강하게 복귀할 수 있는 원동력이 됐다.

▪ 사랑하는 가족과 마지막 통화

아내와 전화를 끊고 벽에 기대어 2006년 이라크 파병 전날 어머니와 통화했던 기억을 떠올렸다. 당시 언론에서는 이라크전쟁 상황에 대해 위험한 내용을 많이 보도했다. 이런 분위기에 파병을 간다고 하니 부모님께서 걱정이 많으셨다. 떠나던 날 아침 어머니께서는 "아들아 위험한 곳에 가지 말고, 밥 잘 먹고, 아프지 말고, 나서지 말아라"고 당부하셨다. 하지만 파병 기간 중 어머니의 당부를 다 실천하진 못했다. 임무 특성상 항상 위험한 곳에 먼저 나가야 했고 나서고 싶지 않아도 나서야 하는 상황이 많았다. 이번엔 아내에게 돌아가신 어머니와의 약속을 꼭 지키겠다고 약속했다(하지만 이 약속도 지키지 못했다).

비행기 탑승 전까지 튀르키예에서 수집된 정보가 계속 전파됐다. 2월 7일 선발대로 출발한 3명(외교부 1, 코이카 1, 소방 1)의 대원들이 튀르키예 앙카라공항에 도착한 후 우여곡절 끝에 이스탄불 한국대사관에 도착했다. 선발대는 튀르키예 한국대사관과 긴밀히 협조하며 모든 게 불확실한 현재 상황에 대해 튀르키예 정부로부터 하나라도 더 지원받기 위해 노력했다. 물자 수송 트럭 4, 수송 버스 4, 구조견 차량 1, SUV 차량 1대가 준비됐다는 내용이 들려온다. 그리고 유럽연합에서 사용하는 ERCC[10]에 2023년 2월 6일 최신 업데이트된 자료가 추가로 공유됐다. 붉은색 점으로 표시된 지점이 지진 규모 7.8과 7.5 강진이 발생한 곳이다. 검은색 점으로 표시된 건 규모 4~6.7의 여진이 발생한 곳이다. 사진만 봐도 지진의 규모를 짐작할 수 있었다.

ERCC 공유 화면을 보면 왼쪽 아래 범례에 지진의 규모(Shaking)에 따라 붉은색에서 연두색까지 5단계로 나눠 표시돼 있다. 규모가 큰 붉은색과 주황색이 튀르키예 허리를 관통하고 있다. 오른쪽 위에는 사망자(1498명), 희생자(8533명), 붕괴 건물(2834개)의 통계가 나와 있다.

아래에 'EU Response'를 보면 MUSAR[11] 13개 국가(크로아티아, 불가리아, 그리스, 네덜란드, 이탈리아, 몰타, 벨기에, 스페인, 슬로베니아, 오스트리아,

---

[10] Emergency Response Coordination Center, 비상 대응 조정 센터
[11] Medium Urban Search and Rescue, Medium 등급 도시탐색구조팀

몬테네그로, 탈린, 티라나)와 HUSAR[12] 4개 국가(체코, 프랑스, 네덜란드, 폴란드)가 튀르키예로 파견됐다는 내용을 알 수 있었다.

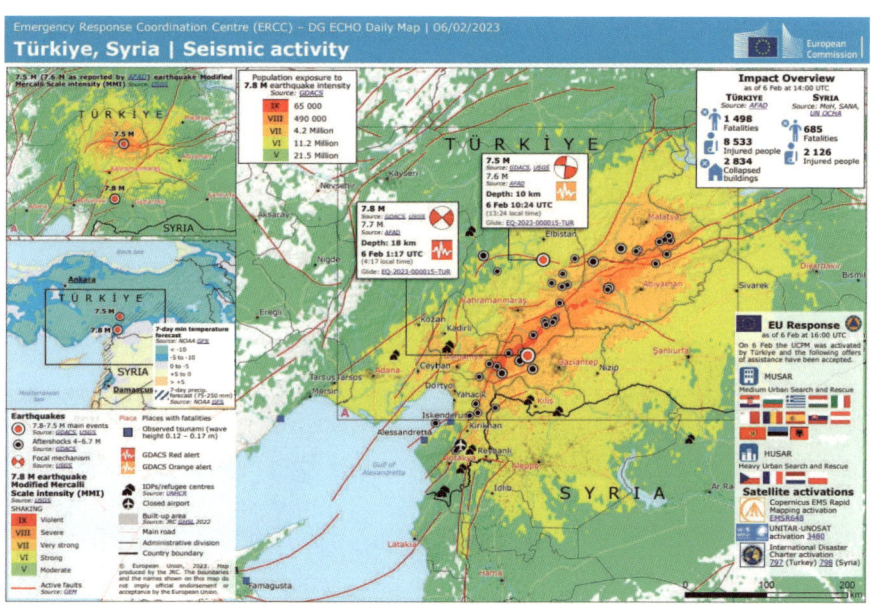

- ERCC 공유 화면

리히터 규모	피해 정도(위력·지진 사례)
2.0~3.4	사람은 느끼지 못하고 기록만 탐지됨
3.5~4.2	예민한 소수의 사람만 느낌
4.3~4.8	많은 사람이 느낌
4.9~5.4	모든 사람이 느낌(5.0 나가사키 핵폭탄)
5.5~6.1	건물에 약간의 피해(6.0 Double Spring Flat 지진)
6.2~6.9	건물에 상당한 피해
7.0~7.3	심각한 파괴, 철로가 휘어짐(7.0 가장 큰 수소폭탄)
7.4~7.9	큰 파괴(7.8 튀르키예 지진)
8.0 이상	거의 완전한 파괴(8.0 San Francisco 지진)

12) Heavy Urban Search and Rescue, Heavy 등급 도시탐색구조팀

이제 한국에서 할 수 있는 모든 준비가 끝났다. 튀르키예 지진 관련 정보는 부족했지만 모든 채널을 동원해 정보를 수집했고 이는 대원들에게 공유됐다.

하루가 어떻게 지나갔는지 기억이 안 났다. 출국장의 시계는 하루가 지났음을 알려줬다. 출입국심사는 우리가 외국 여행 갈 때와 동일한 절차로 진행됐다. 해외 출동을 나간다고 해서 프리패스라든가 하는 특별함은 없었다. 외교부에서 받은 비행기 표는 일반 항공사 비행기 표와 형식이나 크기가 달랐다.

'공군 수송기를 이용해 해외로 파견 가는데 비행기 표까지 필요할까'라고 생각했지만 절차상 필요한 부분이라고 여겼다. 대원들이 일렬로 길게 줄지어 공항 직원에게 여권과 비행기 표를 보여주며 출국 심사가 진행됐다.

가족과 해외여행을 간다면 즐겁고 행복한 시간이겠지만 지금은 긴장감과 사명감으로 가슴 한편이 무거웠다. 사전에 기내 반입금지 물품을 수거해 화물로 보냈지만 급하게 출동을 준비하다 보니 개인물품 가방에서 반입금지 물품들이

나왔다. 용량이 초과된 치약은 버려도 어쩔 수 없지만 다목적 칼은 현장에서 꼭 필요한 물품이었다. 이런 우리의 사정을 아는지 공항 측에서 별도 박스를 만들어 튀르키예에서 받을 수 있도록 공군 측 관계자에게 전달해 줬다. '민간 항공기를 타는 것도 아닌데 통과시켜 주지'라는 생각도 들었지만 모두의 안전을 위해 만들어 놓은 규정이기에 우리에게도 예외는 없었다.

■ 해외긴급구호대원 출국 심사

  전 대원이 출국 심사를 마쳤다. 마지막으로 합류한 대원은 구조견이었다.
  탑승구까지 가는 길은 야간이라 한산했다. 간혹 만나는 국민은 우리의 붉은색 복장이 신기한 듯 "누구냐, 어디 가냐" 등 질문이 쏟아냈다. 그럴 때마다 "우린 소방관이고 튀르키예 지진 피해를 돕기 위해 간다"고 답하면 많은 응원을 보내주셨다.
  43번 게이트에 도착해 개인물품 가방을 바닥에 내리고 창문 밖을 바라봤다. 자정이 넘은 시간이었지만 가로등과 공항 조명들이 활주로를 밝게 비추고 있었다.

대한민국 해외긴급구호대가 튀르키예 국민에게 밝은 빛이 돼 줄 수 있길 마음속 깊이 간절히 기도했다. 낯선 환경에서의 생활과 한 번도 경험해 보지 못한 지진재난 현장에서 앞으로 어떻게 대응해야 할지에 대한 걱정도 함께 밀려왔다.

■ 출처 연합뉴스

튀르키예 지진 피해 현장으로

01 튀르키예 가지안테프공항에 착륙하다
02 도움의 손길을 기다리는 안타키아로 향하다
03 하타이주 안타키아에 숙영지를 편성하다
04 KDRT, 수색·구조활동을 시작하다
05 삶과 죽음의 현장에서
06 안타키아에서 만난 한국 청년
07 UCC 방문과 유럽 구조대 운영 체계를 확인하다
08 튀르키예에 기증한 해외긴급구호대 물자
09 7일간의 구조활동을 마치고 안타키아를 떠나다

튀르키예
지진 피해 현장으로

01 튀르키예 가지안테프공항에 착륙하다

 창밖을 보며 잠시 생각에 잠겨있다가 순간 우리가 타고 갈 수송기가 궁금해 자리를 옮겨 창문 쪽으로 다가갔다. 공군의 새로운 수송기라 기대했지만 보통의 민간 항공기와 크게 다를 바가 없었다. 단지 회색빛을 띠고 있어 군용기라는 느낌만 있을 뿐이었다.

▪ 탑승 전 KC-330 모습

저 수송기를 타고 튀르키예까지 갈 생각에 멍하니 창밖을 주시하고 있는데 탑승 방송이 나왔다. 대원들은 개인 가방을 챙겨 일렬로 통로를 따라 수송기에 탑승했다. 통로의 마지막, 기내 입구에서 우리를 맞이한 사람들은 민간 항공기 승무원이 아닌 건장하고 잘생긴 공군 장병들이었다.

기내에 들어오는 순서대로 자리를 잡고 개인 가방을 자리 위 선반에 넣은 후 앉았다. 이어 특전사 대원들이 큰 군장(전투용 배낭)을 갖고 기내로 들어왔다. 그들의 군장은 자리 위 선반에 들어가지 않았다.

당황한 공군 장병들은 이 문제를 해결하기 위해 누군가에게 결심을 받는 눈치였다. 곧이어 책임 승무원이 뒤쪽 남는 좌석에 군장을 잘 쌓아 보라고 했다(군장을 안전장치가 없이 쌓는다는 건 있을 수 없는 일이지만 당시 상황에서는 어쩔 수 없었다).

특전사 대원들이 좌석에 앉을 때까지 기내는 분주하고 어수선했다. 하지만 훈련이 잘된 부대답게 일사불란하게 짧은 시간 내 마무리하고 좌석에 앉았다. 실내는 다시 조용해졌다. 시계를 보니 어제 첫 번째 출동 문자를 받은 후 약 24시간이 지나고 있었다.

2023년 2월 8일 오전 1시 12분 대한민국 해외긴급구호대 118명은 국방부가 제공해 준 공군의 공중급유기(KC-330)를 타고 인천국제공항을 이륙해 아시아의 끝이자 형제의 나라 튀르키예 아다나공항으로 향했다.

공군의 공중급유기는 우리가 생각했던 C-130H 수송기와는 차원이 달랐다. 그물 좌석에 앉는 불편함과 프로펠러의 진동이 느껴지지 않았다. 시끄러운 엔진 소음도 없었다. 코를 자극하는 항공유 특유의 기름 냄새가 나지 않았다. 객실은 민간 항공기와 동일했다(조금 아쉬운 부분은 좌석에 영화를 볼 수 있는 모니터가 없었다). 기내 앞쪽에 비즈니스석이 일부 있었고 가운데와 뒤쪽에는 일반석이 배열돼 있었다.

▪ 대한민국 공군에서 운용 중인 공중급유기 제원 | 출처 www.yna.co.kr/view/GYH20190130000400044

    C-130H 수송기가 여관이면 공중급유기는 호텔이었다. 비행 중 두 번의 기내식이 제공됐고 모두 본도시락 제품이었다. 첫 번째 식사는 아직 온기가 남아 있는 따뜻한 도시락을 먹었다. 대원들은 "당분간 먹지 못할 한식이니 남기지 말고 맛있게 먹자"는 인사를 나누며 식사했다.

    화장실 갈 시간도 없이 바쁘게 하루를 보낸 대원들은 식사 후 대부분 기절하다시피 깊은 잠에 빠졌다. 온종일 출동 준비에 지치고 긴장한 몸과 정신이 이제야 휴식에 들어갔다. 한참을 자고 일어났지만 창밖은 여전히 어두웠다.

    튀르키예와 우리나라 시차는 6시간이다. 한국 출발 시각에서 6시간을 빼면 되니 튀르키예는 오후 7시다. 우린 튀르키예 도착 전까지 계속 어둠 속을 비행했다. 마치 불확실한 우리의 여정을 알려주듯이….

창밖을 멍하니 바라보다 실내등이 켜지고 두 번째 식사 안내 방송이 나왔다. 본도시락이었지만 첫 번째 도시락과 달리 찬밥이 돼 식탁에 올라왔다. 찬밥, 더운밥을 가려 먹을 상황이 아니었다. 그냥 든든하게 먹어둬야 했다.

민간 항공기와 달리 공군의 수송기 실내 생활은 자유로웠다. 오랜 시간 좁은 의자에 앉아 있으면 허리가 아프기 마련이다. 그럴 때면 자연스럽게 통로로 나와 객실을 앞뒤로 걸으며 스트레칭을 할 수 있었다.

수송기는 인천국제공항을 이륙했지만 우리가 착륙할 공항은 명확하지 않았다. 우리가 착륙을 요청한 공항은 튀르키예 지진 진원지에서 안전지대인 아다나공항이었다. 하지만 튀르키예 정부에서 많은 나라의 구조대가 아다나공항으로 입국해 협소한 활주로와 청사가 포화상태라는 이유로 지진 진원지에서 가까운 가지안테프공항 이야기가 나왔다(당시 가지안테프는 피해지역으로 여진이 계속되고 있다는 첩보가 있었다. 그래서 더욱 긴장된 분위기였다).

■ 1차 아다나공항, 최종 가지안테프공항 | 출처 구글지도

정보가 차단된 수송기에서 목적지를 알 수 있는 사람은 오직 조종사뿐이었다. 수송기 탑승 전 외교부에서 튀르키예까지 단시간에 갈 방법은 '러시아 영토를 통과하는 것'이라고 했다. 그래서 러시아 영토 통과 승인을 조율 중이라는 이야기를 들었다.

결과를 직접 듣진 못했지만 아마도 인도주의적 차원에서 잘 조율됐다면 우린 지금 러시아 영공을 통과하고 있지 않을까란 생각이 들었다(복귀 후 외교부를 통해 알게 된 사실이지만 그날 우리는 러시아 영공을 통과하지 못하고 우회했다고 한다).

비행 10시간이 지나면서 지면에 불빛이 하나둘 보이기 시작했다. 가로등 불빛도 보였다. 불빛의 규모로 보아 도시는 아니었다. 띄엄띄엄 불빛이 있어 시골 마을들이 있는 상공을 비행하고 있는 것 같았다.

이제 2시간 뒤에 튀르키예 공항에 착륙한다. 착륙 시간이 다가올수록 주변은 밝아졌다. 비행기 창문 채광창을 올리니 지평선 너머를 붉게 물들이며 떠오르는 태양을 볼 수 있었다. 지진으로 난리가 난 튀르키예에도 어김없이 하루의 시작을 알리는 태양이 떠올랐다.

잠에서 깨어난 대원들이 창밖을 보며 같은 배열에 앉은 동료와 이야기를 나누기 시작하자 기내는 다시 활기가 돌았다. 조금 있으니 "우리 수송기는 곧 가지안테프공항에 착륙하겠습니다"라는 기내 방송이 나왔다. 창밖 어두움도 사라지고 밝은 햇살이 그 자리를 대신하고 있었다. 지난밤 어둠 속에서의 걱정과 불안감이 약간 사라지는 느낌이었다. 그리고 대한민국 해외긴급구호대에 좋은 일이 있을 것 같은 징조로 여겨졌다.

가지안테프공항에 착륙해서 마주한 태양

2023년 2월 8일 오전 6시 57분 대한민국 해외긴급구호대는 아침 햇살이 가득한 튀르키예 가지안테프공항에 착륙했다.

■ 가지안테프공항 착륙 모습

 수송기 문이 개방되자 차고 맑은 공기가 기내로 들어와 정신이 번쩍 들었다. 날씨는 좋았고 공기가 어찌나 맑던지 저 멀리 보이는 산이 Full HD 화질로 보는 것처럼 선명했다. 기온은 한국의 2월 겨울 날씨보다 포근했지만 얼굴을 스치는 바람은 생각보다 차가웠다. 휴대전화로 현지 날씨를 검색해 보니 영하 5℃였다.

■ 2023년 2월 8일 구글 기온

낯선 이방인을 튀르키예에서 환영해 준 사람은 튀르키예 한국대사와 대사관 관계자, 우리보다 하루 빨리 떠난 선발대원들이었다. 수송기 출입구에서 계단을 따라 내려오면서 먼저 도착한 선발대원들과 악수하며 인사를 나눴다.

해외긴급구호대원들과 수송기 탑승 승무원까지 모두 내려 튀르키예 땅을 밟은 후 단체 사진을 촬영했다. 다 같이 오른손을 들고 파이팅했던 첫 사진이 며칠 후 한국에서 문제가 됐다는 소문이 들렸다. 피해국에 대한 예의가 아니라는 이유에서다. 임무를 잘 수행하자는 뜻에서 했던 행동이 누군가에게는 다른 의도로 보일 수 있다는 걸 다시 한번 깨달았다.

▪ 튀르키예 대사관 · 전 대원 기념 촬영

어떤 행위를 하기 전 현재 상황을 잘 파악하고 그 행위로 인해 돌아올 후폭풍도 생각해야 한다. 그리고 모두가 나와 같이 생각하지 않는다는 걸 명심해야 한다.

튀르키예 대사관에서 준비한 수송 버스에 개인물품 가방을 옮겨 싣고 수송기에서 화물을 내리기 위해 화물 리프트기를 기다렸다.
　먼저 도착한 노르웨이와 이탈리아, 프랑스, 카타르 구조대원들이 바쁘게 움직이고 있었다. 가지안테프공항 터미널 내부에는 침낭에서 자고 있는 외국 구조대원들도 있었다. 먼저 도착했지만 이동 수단을 구하지 못했거나, 구조작업을 수행할 지역을 할당받지 못했거나 또 다른 이유로 대기하고 있는 것 같았다.

▪ 국적을 알 수 없는 구조대원들의 생활

　외국 구조대 중에는 소방관도 있지만 군인이 구조 임무를 수행하는 나라도 많다. 우리나라 특전사도 비슷한 임무가 있는 것과 일맥상통한다. 총을 휴대하고 실탄까지 갖고 온 군인들을 보니 '이곳이 전쟁터구나' 하는 생각이 들었다. 나라와 조직, 피부색은 달라도 모두가 튀르키예 지진 피해를 돕기 위해 이곳으로 파견된 사람들이다.

우리보다 먼저 가지안테프공항에 도착한 국가 가운데 RDC[1]를 구성할 수 있는 국가는 헤비 등급을 보유한 프랑스가 유일했다. 하지만 도착한 시간이 비슷하다 보니 RDC 구성을 위해 튀르키예 정부, 공항 측과 협의 중이었다.

시골 동네 작은 공항 터미널에 많은 나라의 구조대원이 한 번에 몰려 북새통을 이루고 있었다.

■ 가지안테프공항 청사 내 유럽 구조대원

작은 공항 활주로에는 비행기가 쉴 틈 없이 이륙과 착륙을 반복하며 긴박한 튀르키예 지진 상황을 대변하고 있었다.

통상의 공항에는 항공기에서 화물을 내리는 화물 리프트기를 여러 대 보유하고 있다. 가지안테프공항은 규모가 작다 보니 리프트기가 2대뿐이었다. 그 중 1대가 고장 나 운영할 수 없는 상황이었다.

---

1) Reception&Departure Center, 출입국센터

먼저 들어온 비행기부터 차례대로 화물을 내리고 있어서 기다리는 시간이 길어졌다. 우린 공항 측에 신속하게 하역을 주문했지만 우리 말을 들어주는 사람이 없었다. 한 시간 정도 기다리자 화물 리프트기가 우리 공군의 수송기 쪽으로 천천히 왔다. 얼른 수송기 후미 화물칸 문을 열고 출동 장비를 내리기 위한 준비를 했다.

인천국제공항에서 볼 때와 달리 수송기 후미에는 공중에서 전투기에 급유할 수 있도록 붐이 달려 있었다. 실제 공중급유기를 가까이서 실물로 보니 신기했다. 공중급유기 화물칸에는 철판 팔레트 7개를 적재할 수 있었다.

▪ 수송기 후미 화물칸에서 하역 중

철판 팔레트마다 비닐로 덮인 일반 플라스틱 팔레트가 4개씩 적재돼 고정 로프로 패킹돼 있었다.

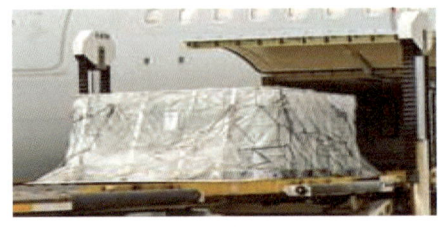 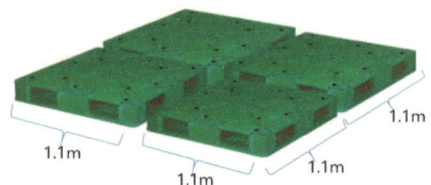

■ 비행기에 포장되는 팔레트

　수송기 화물칸은 레일로 자동화돼 있어 화물 리프트기에 올려만 주면 지면까지 내리는 게 어렵지 않았다. 하지만 지게차를 구하지 못해 리프트기로 내린 철판 팔레트를 옮기지 못하니 다음 작업을 진행할 수 없었다.

　시간만 계속 흘러갔다. 골든타임 내 튀르키예에 도착했지만 현장은 아직 저 멀리 있었다. 그걸 알기에 더는 손 놓고 있을 수 없었다. 대원 중 누군가가 패킹을 풀어 옮기자는 의견을 제시했다. 그 말에 모두 동의했고 패킹을 풀어 무거운 건 함께 옮기고 가볍고 수량이 많은 건 대원들이 각각 신속하게 옮겼다.

■ 지게차가 없어 인력으로 장비를 하역했다.

　후미에 있는 출동 장비를 모두 하역하고 전방 화물칸 하역을 시작할 때쯤 지게차가 도착했다. 하지만 공항 측에서 지게차를 운영할 인력이 없다면서 지게차만 인계하고 기사는 가버렸다. 이해할 수 없는 상황이었지만 가서 따지고 할 시간이 없었다. 다행히 공군에 지게차를 능숙하게 운용하는 대원이 있어 지게차를 이용해 장비 하역을 완료했다.

- 수송기 전방 화물칸에서 하역

완료 후 잠시 쉬는 동안 또 한 번의 산을 넘어야 한다는 사실을 인지했다. 수송기에서 하역한 장비를 트럭에 옮겨 실어야 했다. 왜 산이라고 표현했냐면 우리가 알고 있는 일반 트럭이 아닌 흙이나 모래를 싣고 다니는 덤프트럭이 대기하고 있었기 때문이다.

- 화물차가 아닌 덤프트럭

지게차로 덤프트럭 후방 램프에 장비를 적재할 수 없는 상황이었다(닫혀있는 무거운 램프를 들어 올려 화물을 싣는다는 건 불가능하다). 그렇다고 지금 당장 일반 트럭으로 교체할 수 있는 상황도 아니었다. 피해지역에서 가까운 가지안테프의 중장비와 트럭이 피해지역으로 동원되다 보니 여분의 트럭을 찾는 것도 불가능했다.

마냥 한숨만 쉬고 있을 순 없었다. 대원 중 누군가가 손으로 패킹을 풀어 옮겼는데 덤프트럭에 짐을 손으로 옮기자는 의견을 제시했다. 그때부터 인간의 힘이 얼마나 대단한지 보여주는 역사의 한 장면이 펼쳐졌다.

덤프트럭 적재함 옆으로 큰 장비 상자를 쌓아 발판을 만들고 힘 좋은 대원들이 올라가 지게차로 올려준 장비 상자를 덤프트럭 적재함 내부로 옮겼다. 키 180㎝ 이상 대원들이 적재함으로 들어가 장비를 실었는데 외부에서는 머리만 보일 정도로 덤프트럭 적재함이 깊었다.

먼저 가벼운 상자를 받아 덤프트럭 적재함 바닥에 쌓고 그 위로 올라가 장비박스를 받은 후 적재함에 쌓았다. 이렇게 수송기 가득 적재해 온 장비들은 하나, 둘 덤프트럭에 적재됐다. 무거운 상자를 옮길 때 부상자가 발생할 위험도 있었지만 다행스럽게 그런 일은 일어나지 않았다.

덤프트럭에 장비를 다 실은 후 지게차는 트레일러형 탑차에 개인장비 가방과 나머지 물자를 적재했다. 우리를 튀르키예 가지안테프공항까지 안전하게 수송해 준 공군 수송기는 다음 목적지인 이스탄불로 가기 위해 항공유를 보충하고 활주로로 이동했다.

함께 왔던 수송기를 보내는 마음이 찡했다. 조종사가 손을 흔들며 안전한 임무 수행을 기원했듯이 우리도 안전하게 비행하길 바라는 마음으로 손을 흔들었다. 파견 임무가 끝나면 다시 우리를 가족이 있는 대한민국으로 데려다주리라고 믿었다.

수송기에서 장비와 물자를 하역하고 트럭에 적재까지 완료하는 데 4시간이라는 말도 안 되는 시간을 보냈다. 하나, 둘 떠나는 외국 구조대원들을 볼 때마다 대한민국 해외긴급구호대가 가지안테프공항에서 떠나는 마지막 구조대가 아니길 기원했다.
　오전 11시 대한민국 해외긴급구호대원들이 탑승한 수송 버스는 튀르키예 한국대사관의 안내를 받으며 지진 피해지역으로 이동하기 시작했다.

▪ 함께 온 KC-330 활주로 이륙 준비

02 도움의 손길을 기다리는 안타키아로 향하다

대형 재난으로 통신과 전기, 교통 등 사회기반시설이 초토화된 피해지역에서 우리의 도움이 필요한 곳을 찾기는 어렵다. 이를 위해 대한민국 해외긴급구호대는 지난 수년간 UN OCHA[2] 산하 인사락의 가이드라인에 따라 훈련하고 우리에게 맞는 체계를 구축해 왔다.

그리고 인터넷 기반의 VOSOCC 시스템을 운용해 먼저 입국한 다른 나라 구조대와 정보를 교환하거나 UCC, SCC 등의 위치를 확인할 수 있었다.

가이드라인에 따르면 최초 피해국에 입국한 헤비 등급 구조팀은 공항 관계자와 협조해 공항 내 RDC를 설치해야 한다. 그리고 입국하는 구조팀의 신속한 입국 수속을 지원하면서 LEMA[3] 회의를 통해 수집된 최신 정보를 구조팀에게 공유해야 한다. 구조팀별 UCC와 UNDAC[4] 교육을 이수한 대원은 할당받은 UCC로 이동해 연락관 임무를 수행하며 해당 구조팀 운영에 관한 사항과 UN 지침 등을 공유한다.

가지안테프공항에 최초 입국한 헤비 등급은 프랑스 구조팀이었다. 곧이어 대한민국 구조팀이 도착했다. 프랑스 구조팀이 RDC를 개소하고 가지안테프공항으로 들어오는 구조팀의 신속한 입국과 최신 정보를 제공해야 했다. 하지만 그들도 공항에 도착한 지 얼마 되지 않아 그럴만한 상황이 아니었다.

---

2) Office for the Coordination of Humanitarian Affairs, 유엔 인도주의 업무 조정국
3) Local Emergency Management Authority, 피해국 지역현장본부
4) UN Disaster Assessment and Coordination, 유엔 재난평가조정단

우린 골든타임 내 피해지역에 도착해 인명을 구조하겠다는 일념으로 그 지역을 잘 알만한 대사관 측과 협의한 후 피해지역으로 이동했다(당시 상황으로는 프랑스가 RDC를 개소할지, LEMA 회의가 개최될지 불확실했다).

대형 재난 초기에는 정부의 대응 시스템이 잘 작동되기 어렵다. 튀르키예 정부의 지원을 받을 수 없었고 모든 게 불확실했다. 앞으로 해외긴급구호대에 닥칠 상황에 대해선 자체적으로 의사결정 한 후 대응해야 했다. 현재 시점에서 우리가 의지할 건 튀르키예 지리와 상황을 잘 알고 있는 대사관 관계자뿐이었다. 급하게 파견되면서 튀르키예의 문화와 상식적인 내용도 숙지하지 못한 게 걱정됐다. 하지만 지금은 그런 내용을 알아갈 시간이 없었다. 오로지 인명구조에만 집중해야 했다. 튀르키예 대사관에 파견된 해군 국방무관의 차량을 따라 가지안테프공항에서 서쪽으로 194㎞ 떨어진 하타이주 이스켄데룬으로 방향을 잡았다.

간간이 통신이 가능한 곳에서 구글맵으로 확인하니 이스켄데룬까지는 2시간 41분이 소요됐다. 하지만 지진으로 도로 사정이 좋지 않아 시간이 더 걸릴 것 같았다. 버스 창밖으로 스쳐 지나가는 풍경은 한국의 시골 동네와 비슷한 느낌이었다. 대부분이 광활한 평야에 농사를 지었다. 어떤 종류의 과실나무인지 모르겠지만 과수원이 많았다. 높지 않은 산에는 양들이 먹이를 찾아 돌아다녔다. 평화로운 이곳에 지진이 발생했다고 생각하니 쉽게 믿어지지 않았다.

■ 출처 구글 지도

버스로 한 시간을 달려 휴게소에 도착했다. 작은 동네 휴게소에 동양인 120명이 나타나니 동네 구경거리가 됐다. '아마도 현지인끼리 "주황색 옷과 군복을 입고 온 이들은 누구야, 생김새는 동양인 같은데, 왜 왔지"라는 대화를 나누지 않았을까' 생각해 봤다.

휴게소 1층 화장실을 이용하고 나와 2층을 유심히 보니 레스토랑 간판 아래 창문 유리가 깨져 있고 외벽은 갈라져 있었다. 아직 지진의 피해지역으로 들어오지 않았다고 생각했는데 우린 지진의 진앙지에서 아주 가까운 곳에 있었다. 무너진 건물을 볼 순 없었지만 지진의 위력을 실감할 수 있었다. 버스가 출발할 때 창밖을 바라보니 휴게소 끝자락 공터에 가족 단위로 텐트를 설치하고 숙영하는 사람들과 막 텐트를 설치하는 사람들이 보였다.

■ 휴게소 공터에 텐트를 설치하고 있는 튀르키예 주민들

지진으로 집이 무너졌거나 여진에 대한 공포로 공터에 텐트를 설치하고 생활하는 것처럼 보였다. 튀르키예는 지중해 기후를 가진 나라답게 겨울임에도 버스 창문을 통해 들어오는 햇볕이 따가웠다. 도로 주변 높은 산맥 정상은 눈으로 덮여 있었다. 높고 웅장한 산맥은 지진에 미동이라도 있었을지 궁금했다.

이스켄데룬에 가까워질수록 직접 눈으로 지진 피해를 확인할 수 있었다. 작은 마을을 지날 때마다 무너진 건물과 갈라진 외벽이 한눈에 들어왔다. 이동 중 버스가 갑자기 급브레이크를 밟는 경우도 종종 있었다. 그럴 때마다 철렁대는 가슴을 안고 창밖을 보면 도로가 갈라져 있거나 홀이 생겨 모든 차량이 서행했다.

■ 이스켄데룬의 무너진 건물들

몇몇 마을 입구 도롯가에는 음식과 물, 보급품 등을 나눠주는 보급 차량이 서 있었다. 그 옆으로 손을 벌려 무언가를 받으려고 하는 사람, 험상궂게 얼굴을 찌푸리며 무언가를 달라고 소리치는 사람, 남녀노소 구분 없이 뒤섞여 있었다.

순간 '블랙호크다운'이라는 영화가 생각났다. 소말리아를 배경으로 한 영화의 도입부에서 보급 차량이 도착하자 식량을 받기 위해 사람들이 모여든다. 처음에는 통제된 배급이 가능했지만 나중엔 통제력을 잃어 폭동이 일어나고 군인들이 총을 난사하며 진압하는 장면이 나온다. 마치 이 모습을 보는 듯한 기분이 들었다.

■ 영화 블랙 호크 다운 중 | 출처 네이버 블로그 팝콘의 영화라이트, blog.naver.com/idw103/222976810275

하지만 튀르키예 정부 소속의 보급 차량에는 군인도, 총을 든 사람도 없었다. 지진 피해는 있지만 사회 안전망과 정부의 통제가 잘 이뤄지고 있다는 생각이 들었다.

2월 9일 오후 12시 57분 현재까지 입국한 구조팀은 31개국, 추가 입국 예정인 구조팀이 26개국이라는 메시지가 공유됐다. 우리가 빨리 왔다고 생각했는데 벌써 많은 나라의 구조팀이 들어왔다는 사실에 놀랐다. 31개 구조팀은 가지안테프에서 남서쪽으로 62㎞ 떨어진 진앙지 인근에서 활동 중이었다. 이어 "The main USAR Coordination Cell(UCC) will be set up in Hatay"라는 메시지가 도착했다. 메인 UCC가 하타이라는 지역에 설치될 거란 내용인데 하타이주는 규모 7.8 지진의 진앙지에서 아주 가까운 곳이다.

UCC 하부에 4개의 SCC가 구성됐다. SCC1_Adiyaman(아디야만), SCC2_Kahrammanmaras(카라만마라슈), SCC3_Malatya(말라티야), SCC4_Gaziantep(가지안테프)다. 피해 상황에 따라 SCC는 추가로 설치될 수 있다. 우리가 철수할 시점에는 SCC5가 추가로 구성됐다는 내용을 전달받았다.

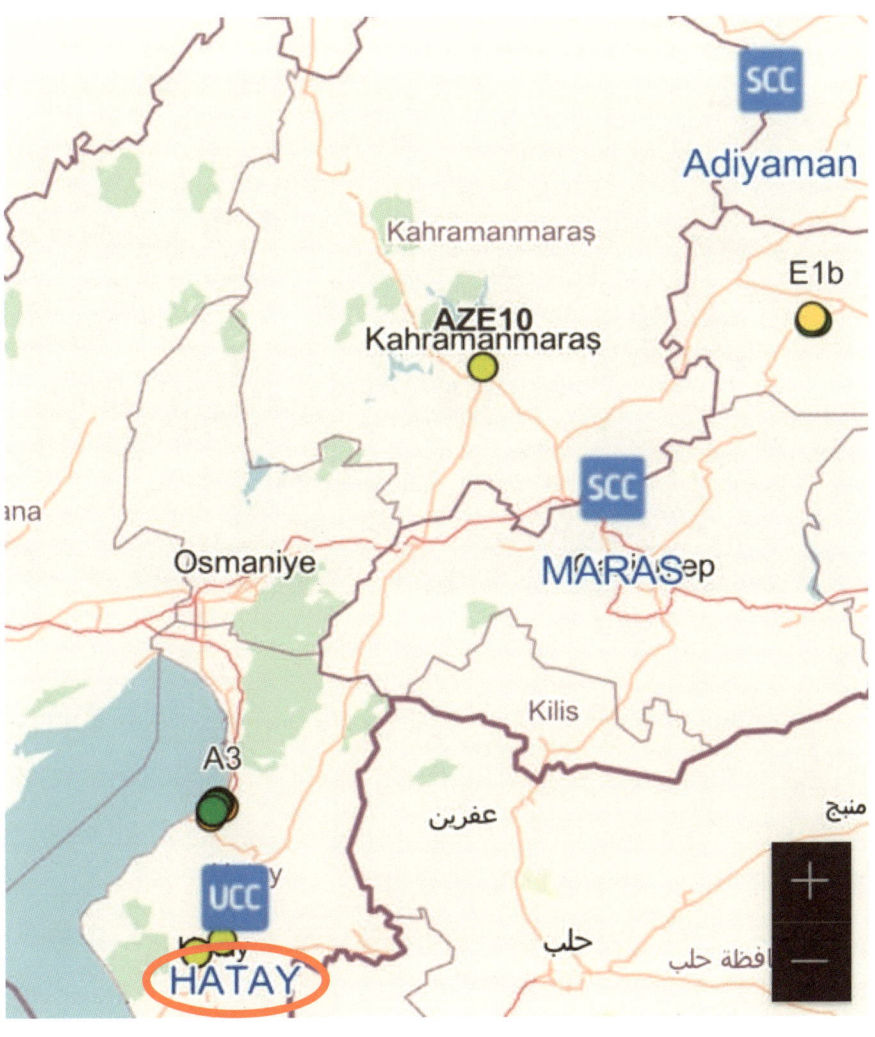

■ 출처 ICMS 화면

2월 9일 오후 3시 40분께 대한민국 해외긴급구호대는 이스켄데룬에 진입했다. 하타이주 최대 도시이자 지중해를 끼고 있는 항구도시로 인구 약 25만명이 거주하는 곳이다. 한국전쟁이 발발하고 가장 빠른 파병을 결정해 준 튀르키예 정예군이 대한민국의 자유민주주의를 수호하기 위해 이곳 이스켄데룬에서 출발했다. 아주 뜻깊은 장소일 수밖에 없다.

■ 이스켄데룬 전경 | 출처 나무위키

 이름 모를 높은 산맥의 낮은 허리 부분을 넘자 눈앞에 펼쳐진 건 푸른 바다였다. 순간 여행을 온 듯한 묘한 기분이 들었지만 이내 구급차 사이렌 소리에 정신을 차렸다. 우리나라 구급차보다 높은 데시벨의 사이렌 소리와 파란색 빛을 발산하는 경광등은 대원들을 더 긴장케 했다.
 버스는 점점 도시와 가까워지며 숙영지를 향해 거침없이 나아갔다. 우리가 지도에서 선정한 숙영지에 도착하니 레미콘 공장이었다. 모두 '이곳에서 어떻게 숙영을 하지?'라는 의문에 휩싸였다(모두가 이곳이 숙영지로 적합하지 않다고 생각했다).

도착하자마자 상황판단 회의가 시작됐다. 버스에서 대기하다 레미콘 공장의 화장실을 이용했다. 이용 중에 우리를 보고 있던 할아버지께서 차를 내어주겠다고 다가오셨다. 우린 "No, Thank You"로 사양했지만 영어를 모르시니 거절의 의사임을 모르고 계속 주겠다고 하셨다. 난처한 상황에서 정중한 거절을 고민하던 중 주변에 놀고 있던 소녀들이 신기한 듯 몰려와 통역을 해주겠다고 했다.

"우리 가족 120명이 저 버스에 있어. 모두에게 줄 수 있다면 차를 마시고 갈게"

소녀는 할아버지에게 튀르키예어로 우리 의사를 전달했다. 통역을 전해 들은 할아버지께선 해맑은 웃음을 지으며 두 손을 들어 안 되겠다고 하셨다. 묵례로 감사 인사를 전하고 돌아서면서 이방인을 따뜻하게 맞아 주시는 할아버지를 보니 우리나라와 정서적 공감대가 비슷하다는 느낌이 들었다.

잠시 휴식 후 버스는 다시 이동을 시작해 이스켄데룬 도시로 진입했다. 도시는 지진의 피해로 아수라장이었다. 도시가 가진 기능이 모두 상실됐다. 무너진 건물이 도로를 덮쳐 차가 들어갈 수 없었다. 차량 진입을 막기 위해 바리케이트를 설치한 곳도 많았다.

길을 찾아 도시로 들어가면 갈수록 버스와 트럭은 블랙홀에 빠져들었다. 하지만 튀르키예 운전기사들의 능숙한 운전으로 몇 번의 위기를 잘 넘기며 목적지로 이동했다.

도로 사정상 더 이동하는 건 시간만 낭비될 뿐이었다. 그래서 버스를 한적한 시내 공터에 주차하고 대사관 관계자와 운영반 대원들이 모여 선발대를 편성했다.

선발대는 이스켄데룬에 있는 정부 기관을 방문해 대한민국 해외긴급구호대가 도착했고 도와줄 준비가 돼 있다는 의사를 전달한 후 숙영지를 잡을 생각이었다. 나머지 대원들은 버스에서 선발대의 복귀를 기다리고 있었다.

주변 건물에서는 인기척을 느낄 수 없었다. 무너진 건물에는 중장비가 투입돼 철거를 시작하고 있었다. 무너지지 않은 건물들의 외벽은 여기저기가 갈라져 있었다. 창문은 깨져 사라진 곳이 많았다.

■ 외벽과 유리창이 깨진 건물

■ 무너진 건물 앞마당 레몬 나무

　푸른 잔디 마당 위 레몬 나무에는 레몬이 가득 달려 있었다. 튀르키예 지진의 아픔과 슬픔을 모른척하며 자신만 탐스러운 열매를 맺고 아름다운 자태를 뽐내는 듯 보였다.
　지진 피해자가 있는지 주변을 살피던 중 튀르키예 청년 한 명이 다가왔다. 튀르키예어로 무슨 말을 했지만 알아들을 수 없었다. 영어를 할 줄 아느냐고 묻자 "No"라는 말만 했다. 대원들이 계속 영어로 말을 걸자 "Sister"라는 단어를 말했다. 이어 손가락으로 철거 중인 건물을 가리키며 눈물을 흘렸다.

• 무너진 건물을 철거하면서 수색활동을 벌이고 있다.

　아마도 누이가 무너진 건물에서 나오지 못해 도와달라는 것 같았다. 이미 수색이 종료돼 철거 중인 건물이어서 우리가 할 수 있는 일은 없었다. 청년에게 "미안하다"는 말을 건넸다. 청년은 눈물을 닦으며 우리에게 인사하고 다른 곳으로 뛰어갔다.

　튀르키예 도착 후 첫 번째로 도움을 청한 사람이었지만 아무것도 해줄 수 없었다. 장비가 준비되지 않았을뿐더러 철거를 중지시킬 권한도 없었다. 무엇보다 현지 구조대에서 수색한 후 생존자가 없다는 판단하에 철거가 시작됐을 것이기 때문이다. 철거 중인 건물 옆에는 붉은색 옷을 입은 구조대원들이 보였다. 철거 중에 생존자가 발견될 수도 있으니 대기하고 있는 것 같았다.

2월 9일 오후 4시 40분께 선발대가 답을 갖고 복귀했다.

> "이곳에는 이미 다른 나라 구조대가 많이 들어와
> 재난지역에서 활동하고 있으니
> 여기보다 더 피해가 심각한 안타키아 지역으로 가 달라"

이스켄데룬 지역 정부 기관의 요청이었다. 지금까지 기다린 시간과 우리의 도움을 기다리는 사람들을 생각하니 화가 났다. 대원들의 불만이 이어졌지만 한편으로 명확한 목적지가 생긴 것에 감사한 마음도 들었다.

더 이상의 지체는 우릴 더 힘들게 할 뿐이었다. 버스와 트럭은 좁은 골목길을 통과해 큰 도로를 따라 빠르게 안타키아로 다시 달리기 시작했다. 골든타임이 얼마 남지 않은 시점에서 대원들의 눈빛에는 초조함이 감돌았다. 버스 안에는 '우리가 도착하기 전까지 조금만 버티고 기다려 달라'는 대원들의 간절한 기도가 느껴졌다.

03 하타이주 안타키아에 숙영지를 편성하다

달리는 버스 창으로 앞 좌석 대원의 얼굴이 비쳤다. 창밖 무너진 건물을 바라보며 생각에 잠겨있었다. 안타키아로 가는 그 시간만큼은 모두가 '한 명의 생존자라도 더 구조되길' 바라는 마음이지 않았을까. 안타키아는 이스켄데룬에서 남쪽으로 약 63㎞ 떨어진 곳이다.

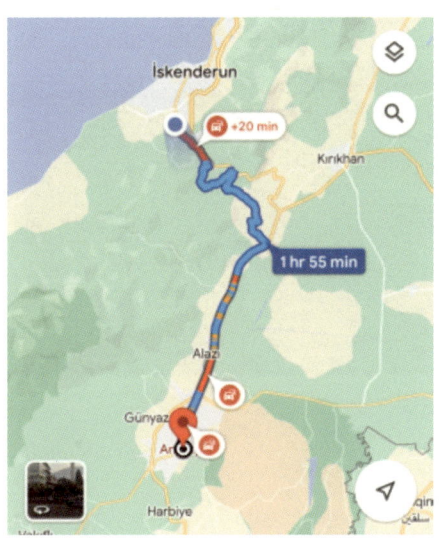

■ 출처 구글 지도

버스는 다시 큰 산맥의 허리를 통과해 달리기 시작했다. 구글맵으로 약 1시간 55분. 대한민국 해외긴급구호대의 도움을 기다리는 최종 목적지. 하지만 안타키아로 들어가는 길은 순탄하지 않았다. 어둠이 깔린 도로는 지옥으로 가는 길이었다.

이미 모든 기능을 상실했고 커다란 주차장으로 변해 있었다. 마치 지옥 문지기가 이름을 부르면 하나씩 차례로 들어가는 기분이었다. 왕복 4차선 도로가 구급차 사이렌 소리로 가득 찼다. 버스 앞과 뒤, 반대편 차선으로 역주행하는 구급차를 보며 안타키아의 긴박한 상황이 머릿속에 그려졌다. 구급차의 파란색 경광등 빛에 비친 대원들의 얼굴에도 피곤함보다 긴장감이 가득해 보였다.

구급차의 뒤를 따르면 빨리 갈 수 있다고 생각한 버스 기사가 차선을 바꿔 구급차 뒤에 따라붙었다. 도로의 기능은 상실했지만 구급차가 이동하는 길은 조금씩 열리고 있었다. 모세의 기적은 일어나지 않았지만 생명의 소중함은 동서고금을 막론하고 같다는 생각이 들었다.

▪ 안타키아에서 나오는 구급 차량

버스가 구급차 뒤를 따라 조금씩 움직이려고 할 때 누군가가 밖에서 버스 출입구를 손으로 두드리며 소리를 쳤다. 앞문을 밖에서 열더니 알아들을 수 없는 말로 기사에게 소리쳤다. 우린 어떤 상황인지 알 수 없었다. 버스 기사, 신분을 알 수 없는 사람과의 대화에서는 살기가 느껴졌다.

대원들은 모두 긴장한 분위기였다. 순간 머릿속에 '이름 모를 사람이 더 위협을 가하면 제압해야 할 수도 있겠다'란 생각이 들었다. 두 사람은 목소리가 큰 사람이 이긴다는 속설처럼 있는 힘껏 바락바락 악을 썼다. 어떤 말이 오갔는지 알 수 없지만 버스 기사의 말 한마디만 알아들을 수 있었다.

"코렐리", "코레아"

그때의 상황을 개인적 생각으로 풀어본다면 이렇게 말하지 않았을까.

"구급차가 먼저 가야 한다. 버스를 빼라"
"한국 구조대다. 우리가 빨리 가야 사람을 구조할 수 있다"

▪ 하타이 지방 헌병대 사령부(치안사령부) 정문

이처럼 몇 번의 소란과 버스 기사를 위협하는 상황도 있지만 무사히 지옥문을 지나 진짜 지옥에 도착했다. 이스켄데룬을 떠나 약 4시간 만인 오후 8시 30분께 우린 하타이 지방 헌병대 사령부(Hatay İl Jandarma Komutanlığı)[5]에 도착했다. 이곳은 일명 하타이 치안사령부로도 불렸다.

안타키아는 어둠의 도시였다. 날이 어두워 지진으로 인한 주변 피해를 확인할 수 없었다. 우리를 환영해 주는 행사도, 사람도 없었다. 이것이 재난 현장의 현실이었다.

먼저 도착한 선발대는 치안사령부에 튀르키예 하타이주 안타키아 지역 지진 피해 대응을 위해 대한민국 해외긴급구호대가 왔다고 보고했다. 또 본대가 치안사령부 주둔지에서 저녁을 먹고 휴식할 수 있도록 조치해 뒀다(뒤에 알게 된 사실이지만 당시 하타이 치안사령부에서는 우리가 왜 왔는지조차 몰랐다고 한다). 이후 선발대는 해외긴급구호대가 숙영할 수 있는 숙영지를 찾기 위해 출발했다.

---

5) 튀르키예 헌병은 내무부 소속으로 안전, 보안·공공질서의 보호, 기타 법률·대통령령에 따라 부여된 임무를 수행하는 무장 법 집행 기관이다.

사회 기반 시설이 파괴돼 가로등 불빛도 없고 휴대전화도 잘되지 않았다. 간신히 잡히는 로밍 데이터로 연락을 주고받았다. 한동안 통신 사정이 좋지 않아 선발대와 연락이 두절되기도 했다. 서로의 안전이 걱정됐고 불확실한 현실에 답답했다.

치안사령부 공터에는 군인과 경찰, 재난·비상관리 당국(APAD)[6] 사람들이 텐트를 쳐 놓고 숙영지를 편성한 후 구조작업을 진행하고 있었다. 낯선 장소와 낯선 언어, 낯선 민족. 우리에게 유리한 것 하나 없는 튀르키예에서 식당을 찾기도 어려웠다. 주변에 있는 현지 관계자들이 친절하게 헬기장 인근에 마련된 이동식 트레일러 식당까지 안내해 줬다. 오전 3시께 기내식을 마지막으로 약 18시간 만에 튀르키예 전통식으로 저녁을 먹었다.

▪ 치안사령부에 마련된 이동식 취사 트레일러

---

[6] (튀르키예어) Afet ve Acil Durum Yönetimi Başkanlığı, 재난·비상관리 당국

현지 구조 인력들과 한 줄로 서서 이동식 트레일러 배식대에 올랐다. 얇은 스티로폼 식판을 제일 먼저 들고 수저를 챙긴 후 잘라놓은 바게트 빵, 구워놓은 난(빈대떡류), 콩으로 만든 수프, 볶음밥을 배식받았다. 배식하는 현지인들은 우리가 신기한듯 계속 지켜봤다. 식탁이 별도로 준비돼 있지 않아 헬기장 패드 옆에 모여 각자 식판을 손바닥으로 받치고 서서 식사를 했다.

일부 대원은 향신료 향이 강해 손도 대지 않았다. 바게트 빵과 난만 먹고 콩 수프와 볶음밥을 버리는 대원도 있었다. 전통 콩 수프와 볶음밥은 우리 입맛에 맞지 않았다. 그래도 맛있게 먹으며 식판을 비우는 동생들이 있어 식사를 하면서 잠깐의 미소를 지을 수 있었다. 이곳에선 우리가 외국인이니 튀르키예 음식이 입에 맞을 수 없었다.

- 튀르키예에서의 첫 식사

춥고, 배고프고, 만감이 교차했지만 우리의 임무가 명확한 이상 다른 생각은 접어 두기로 했다. 식사를 마치고 화장실을 찾아 이곳저곳 돌아다니다 영어를 할 줄 아는 현지인을 만나 화장실까지 안내받았다. 앞에서 말했듯이 지진으로 사회기반시설이 파괴돼 전기는 물론 상수도도 사용할 수 없었다. 화장실 전등이 켜지지 않아 휴대전화 플래시를 밝히고 소변을 봤다. 대변기에는 볼일을 본 후 물을 내리지 못해 똥으로 가득했다. 화장실에선 태어나서 처음 맡아 본 냄새가 났다.

코를 막고 간단하게 볼일을 본 뒤 버스로 왔다. 버스 앞에는 식사를 마친 대원들이 모여 앞으로 일어날 일에 관해 이야기를 나누고 있었다. 모두 불확실성에 대해 걱정했지만 경험 있는 선배들과 외교부가 있으니 큰 걱정은 되지 않았다. 다만 시간과의 싸움에서 우리가 계속 지고 있다는 느낌을 떨쳐 버릴 수 없었.

오후 11시께 선발대에서 연락이 왔다.

"치안사령부에서 그리 멀지 않은 곳에
숙영지로 사용할 수 있는 학교를 발견했습니다"

우리는 다시 버스를 타고 마지막 목적지로 향했다. 영화에서나 볼 수 있는 가로등 불빛 하나 없는 죽음의 도시를 가로질렀다. 간혹 모닥불을 피워 추위를 이겨내고 있는 사람들이 보였다. 짙은 어둠 속에 별빛만이 어렴풋하게 건물임을 알 수 있게 해줬다.

이 도시가 지진으로 얼마나 많은 피해를 입었는지 짐작되지 않았다. 도시의 처참함을 보지 않도록 아침이 오지 않았으면 좋겠다는 생각이 들기도 했다. 잠시 생각에 잠겨있는 동안 버스가 조용히 멈췄다. 2023년 2월 9일 오전 1시께 대한민국 해외긴급구호대의 숙영지인 셀림 아나돌루 고등학교에 도착했다.

- 안타키아 최초 도착지와 숙영지 위치 | 출처 구글 지도

- 셀림 아나돌루 고등학교 | 출처 snsal.meb.k12.tr/31/01/325983/okulumuz_hakkinda.html

튀르키예 가지안테프공항 도착 약 18시간, 한국 출발 약 30시간 만에 최종 목적지인 하타이주 안타키아에 도착했다. 이제부터 본격적으로 대한민국 해외 긴급구호대의 활동을 시작한다. 숙영지 일부에는 이미 튀르키예 재난·비상관리 당국에서 텐트를 설치하고 숙영 중이었다.

"학교 운동장 절반만 사용하세요. 앞으로 지원 인원과
장비가 더 들어올 예정이어서 이 이상 내어 줄 공간이 없어요"

우린 최대한 그들의 의견을 존중해 줬다. 숙영지를 설치할 장소가 협소하니 공간을 더 확보하는 게 최대 과제다. 숙영지를 편성하기 전 지진으로 피해를 입은 건물 안전 평가를 시행했다. 플래시로 학교 건물을 확인해 보니 갈라지거나 파손된 외벽은 없었다. 내부는 복도와 계단 벽 일부에 갈라짐이 있었다. 여진이 있을 수 있다는 판단하에 학교 건물 사용을 금지했다. 전기가 들어오지 않는 상황이라 화물을 실은 덤프트럭에서 무거운 장비를 내리는 게 부담됐다.

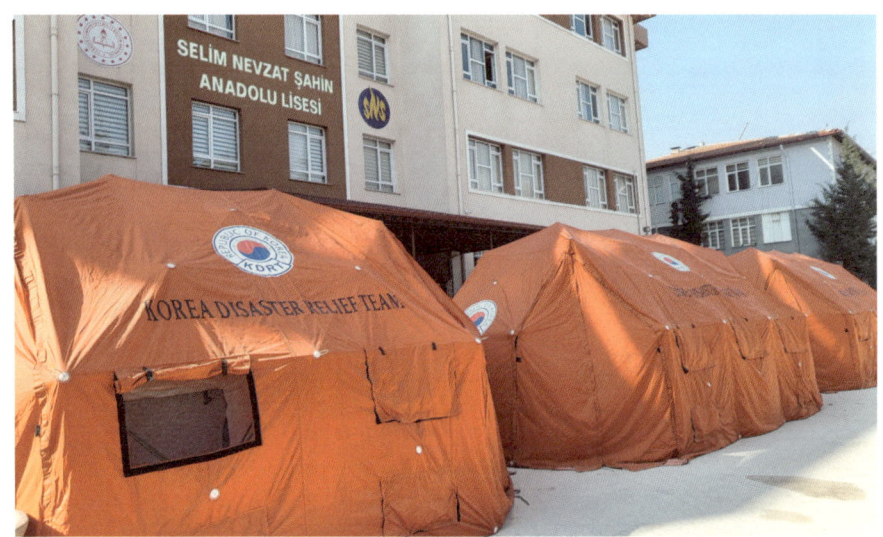

▪ 셀림 아나돌루 고등학교 운동장에 설치된 텐트

이동식 조명등을 설치하고 하역 작업을 시작했다. 하지만 지금 이 순간 우리에겐 지게차가 없었다. 적재된 장비를 사람의 힘으로만 내려야 했다. 덤프트럭을 학교 현관 출입구 계단 쪽으로 가깝게 주차한 후 계단의 높이를 이용해 가벼운 박스부터 내려 발판으로 깔고 무거운 장비들을 내렸다. 단잠에 빠져 있던 재난·비상관리 당국 사람들이 우리가 어렵게 장비를 내리는 걸 보고 크레인을 가져와 하역을 도와줬다(정말 눈물 나게 고마웠다).

'인간의 힘이 이렇게 대단할 수 있을까' 하는 순간도 있었다. 하역작업 중 중량물 장비를 번쩍 들어내리는 구조대원들은 볼 때마다 대단하다는 생각이 들었다. 조금 뒤 재난·비상관리 당국에서 농구 골대 쪽에 대형 라이트를 설치해 줬다. 밝아지니 작업 속도는 더 빨라졌다.

▪ 야간 하역 작업

물류반 대원들의 지시에 따라 내린 장비와 물품을 분류하며 정리하기 시작했다. 운영반 대원들은 운동장에 있는 작은 정자에 외교부, 소방청 상황 보고와 행정업무 지원을 위해 상황실을 구축했다. 종이박스 위에 노트북과 통신장비를 설치하고 발전기를 가동해 전기도 사용할 수 있도록 했다. 화물 포장용 비닐랩을 이용해 추위를 이겨낼 수 있도록 외벽을 만들기도 했다.

어느 정도 정리가 마무리될 무렵 가져온 즉석 식량을 먹을 수 있도록 보온물통에 작은 생수병 수십 개를 부어 물을 끓였다. 아직 아무것도 먹지 못한 대원들이 일부 있었다. 사실 표현은 안 했지만 모두 배가 고팠다. 즉석 식량에 물을 부은 후 삼삼오오 모여 땅바닥에 앉아 식사했다.

■ 상황실 설치 후 식사하는 운영반 대원들

즉석 식량은 건조된 쌀, 라면 등이 들어 있는 작은 봉지에 물과 소스를 넣고 상부를 밀봉한 다음 발열팩이 들어 있는 큰 봉지에 넣고 물을 부으면 화학적 반응을 일으켜 열이 발생한다. 그 열로 내부 작은 봉지를 가열해 뜨거운 밥이 된다.
처음엔 끼니별 하나씩 먹다가 본격적인 구조 활동이 시작되고부터는 끼니당 2개 또는 즉석 식량 1개에 컵라면 1개로 식단이 맞춰졌다. 솔직히 외부에서 식사 대용으로는 참 좋은 제품이었지만 우리 대원들에겐 양이 부족한 듯했다.

장비와 물품이 어느 정도 정리되고 간단한 식사를 마치니 서서히 날이 밝기 시작했다. 이쯤 되면 피곤함이 몰려와 행동도 느려지고 자고 싶은 욕구가 샘솟을 시간이다. 하지만 피곤한 표정을 짓는 사람은 아무도 없었다. 대원들의 눈빛에는 '이제부터 시작이다'는 굳은 의지가 불타오르고 있었다.

▪ 24시간 불이 꺼지지 않는 해외긴급구호대의 심장인 상황실

04 KDRT, 수색·구조활동을 시작하다

해외긴급구조대의 수색과 구조 절차는 유엔 인사락 가이드라인(UN INSARAG GUIDELINES)을 따른다. 수행 절차를 처음부터 끝까지 다 설명하긴 어렵지만 평소 주기적인 훈련과 학습, 연구를 병행해 온 결과 이번 튀르

키예 지진 피해 대응에 어려움은 없었다. 기존 국제구조대는 운영반과 물류반, 탐색반, 4개 구조반, 의료반으로 편성된다.

이번에는 특전사와 국군의무사령부가 합류해 조직을 새롭게 편성했다. 의료반 임무를 수행할 NMC[7] 대신 국군의무사령부에서 의료반 임무를 수행했다. 그리고 구조반과 탐색반은 중앙119구조본부 소방관 8명과 특전사 6명을 한 개조로 구성했다. 구조반 인원이 많다는 생각이 들었지만 힘든 구조 활동을 할 때 서로 도움이 될 수 있을 거로 판단했다.

인사락 지침에 따라 탐색반은 구조견과 화학·건축전문가 등으로 편성된다. 붕괴된 건물의 유해화학물질을 탐지하고 건물에 대한 안정성 평가 후 사람보다 1만 배 후각이 뛰어난 구조견을 붕괴된 건물에 투입시켜 생체 반응(연속으로 짖음)을 탐지한다. 구조견이 반응을 보인 해당 지점에 첨단 탐색 장비(써치탭, 내시경 등)를 사용해 생존자 유무를 탐지한다. 즉 광범위한 지역에 대한 인명 탐색과 부상자 분류 평가를 시행한다. 탐색반이 현장에서 ASR[8] 2단계(섹터 평가)를 수행하고 생존자 발견 시 자동으로 3단계(신속한 탐색·구조)를 수행하면서 구조반이 출동해 신속한 구조가 이뤄진다.

---

7) National Medical Center, 국립중앙의료원
8) Assessment, Search and Rescue. 수색·구조 평가, 1~5단계로 구분된다. 특히 2단계는 생존 가능성이 큰 곳을 명확히 해 우선 활동을 수행한다.

만약 탐색 과정에서 생존자를 구조했거나 사망자를 수습했다면 인사락 마킹 시스템 중 워크사이트 트리아지 마킹(Worksite Triage Marking, 활동 현장 부상자 분류 마킹)을 해야 한다. 마킹 위치는 활동 현장 전면이나 주요 출입구에서 가장 눈에 띄는 붕괴 구조물 외부에 있는 진입점 근처여야 한다. 이는 다른 나라 구조대가 동일 건물에 중복된 탐색구조작업을 해 귀중한 시간을 낭비하는 걸 방지하기 위해서다. 또 붕괴된 건물에 대한 평가와 매몰자 위치에 관한 정보를 명확하고 통일성 있게 전달하기 위함이다.

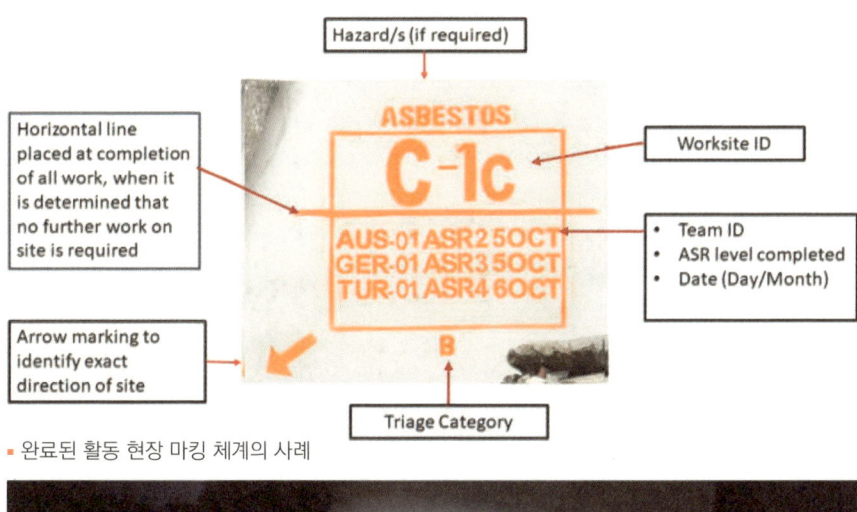
▪ 완료된 활동 현장 마킹 체계의 사례

▪ 구조대원에 의한 마킹

운영반은 탐색반으로부터 생존자 위치를 좌표로 받아 숙영지에서 대기하는 구조반을 출동시켜 본격적인 구조작업을 실시한다.

정보 공유와 Survey123 애플리케이션 정보 입력을 위해 구조반에 간단한 보고 양식을 만들어 카카오톡으로 전파했다. 말은 간단하지만 이 절차에 따라 탐색반에서부터 구조반까지 출동해도 수많은 우발 상황에 대처해야 한다.

이번 튀르키예 지진 피해

- 건물번호 : a-4
- GPS : 36.2076036, 36.1419122
- 건물주소 :
- 건물크기 :
- 붕괴된 형상 : 팬케이크
- 건물용도 : 아파트
- 건물층수 : 5
- 지하층 : 1층
- 살아있는 희생자수 : 2
- 희생자수 :
- 작업시간 :
- 트리아제 카테고리 :
- 위험요소 : 2차 붕괴

티나확인

• 보고양식

대응 출동에서도 여러 우발 상황이 발생했다. 첫 번째는 통신체계의 문제였다. 우리가 가진 무전기(UHF)[9]는 파장이 짧아 전송 거리가 줄어들어 도심지역에서 사용이 제한됐다. 휴대전화는 로밍을 했지만 중계소나 기지국이 지진으로 인해 제 기능을 못 해 부분적으로 사용할 수 없었다. 탐색반이 어렵게 알려준 위치로 구조반을 보내려 해도 주소를 찾기 어려웠다. 고심 끝에 GPS와 구글맵에서 제공해 주는 8단계 좌표를 사용하기로 했다. 우리가 8단계 좌표를 통역사들에게 전달하면 통역사가 현지 운전사에게 좌표 지역 지도를 보여줬다. 현지 지형에 익숙한 운전사들은 한 번에 그 지역을 찾아갔다.

---

9) Ultra High Frequency, 극초단파

두 번째 문제는 이동 수단이었다. 현지에서 대원들을 이동시킬 수 있는 차량이 충분하지 않아 출동 시간이 많이 소요됐다. 재난 현장에서 정해진 건 없다. 그때그때 순발력 있게 일을 해결해야 했다. 이 과정에서 튀르키예 재난·비상관리 당국, 튀르키예 한국 대사관·총영사관 관계자분들이 한마음으로 도와주셔서 많은 문제점을 해결할 수 있었다.

오전 4시 30분께 중앙119구조본부장을 포함해 총 22명(소방 16, 군 6)이 첫 번째 ARS 2단계 임무 수행을 위해 출동했다. 자체적으로 사용할 수 있는 차량이 없어 재난·비상관리 당국에 도움을 요청해 힘들게 차량 2대를 지원받았다.

현지 기온은 영하였고 바람이 찼다. 출동대원들은 밤을 꼬박 새우고 생존자를 구조하겠다는 일념으로 차량에 몸을 실었다. 골든타임이 얼마 남지 않았다는 생각에 대원들의 표정에 만감이 교차했다.

▪ 픽업 차량에 탑승한 대원들

▪ 짐들이 실려 있는 천막 탑차에 탑승한 대원들

픽업 차량 1대와 천막 탑차 1대는 빛 하나 없는 캄캄한 도시의 도로에서 오직 자동차 헤드라이트에 의존해 목적지를 찾아 나갔다. 탐색반이 출동하고 숙영지에 남은 대원들은 내린 장비들을 세부적으로 재정리했다. 분주하게 정리하다 보니 주변이 밝아지며 튀르키예에서의 두 번째 아침이 시작되고 있었다.

지난밤 가로등 불빛 하나 없는 깜깜한 도시에서 우리를 반겨준 건 끊임없이 지나다니는 구급차의 요란한 사이렌 소리와 푸른색 경광등 불빛이었다.
 아침이 돼도 숙영지 앞 도로의 구급차 사이렌 소리는 끊이지 않았다. 지난밤에 도착했을 때 숙영지 맞은편에 5층으로 보이는 건물이 있었다. 날이 밝은 후 제대로 보니 1층이 완전히 무너진 6층 건물이었다.
 숙영지 주변에는 멀쩡한 건물이 없었다. 새로 지은 건물은 무너지지 않았지만 외벽이 떨어져 나갔다. 도로 옆 큰 건물 뒤 건물 대부분은 무너지거나 외벽과 창문이 깨져 있었다.

▪ 숙영지 맞은편 지진으로 무너진 건물

 숙영지 안쪽 학교 건물 측면에는 지진으로 집을 잃은 현지인들이 안전한 곳을 찾아 텐트를 치고 생활하고 있었다. 또 한쪽에는 지역 주민에게 나눠줄 의류와 물이 가득 쌓여 있었다. 아침이 되자 현지인들이 숙영지로 들어와 자신에게 맞는 옷과 신발을 찾아서 나갔다. 도로 한쪽 인도에는 가족 단위로 모닥불을 피우며 추위를 이겨내고 있었다. 그 가운데 종이 박스로 사면을 막아 아이들과 취침하는 사람들도 보였다. 하루아침에 거리로 내몰린 사람들을 보니 너무나 안타깝고 가슴이 아팠다.

• 인도에서 숙박하고 있는 현지인들

전기도 끊겨 사용할 수 없었다. 자체 발전기를 돌리며 밤을 보냈다. 이 모습이 딱해 보였는지 콧수염이 멋진 재난·비상관리 당국 사람이 아침에 현장 지휘소로 찾아 왔다.

"전기를 사용할 수 있도록 도와줄게요"

그를 따라 학교 건물 뒤로 갔다. 그곳에는 울타리로 안전하게 보호된 대형 발전기가 가동되고 있었다.

"발전기 하단부에 있는 콘센트 코드 2개를 사용하면 돼요.
우리에게 발전기는 소중하니까 무분별하게 사용하지 말아주세요"

어젯밤 자체 발전기를 돌리며 보낸 시간에 비하면 콘센트 코드 2개가 생겼다는 것만으로도 무척 감사했다. 그리고 매일 오후 4시부터 6시까지 발전기 가동을 중단하고 점검한다는 사실을 알려줬다. 자체 발전기를 돌리지 않고도 현장 지휘소 노트북과 물 끓이는 보온통에 전기를 공급할 수 있다는 사실에 만족했다.

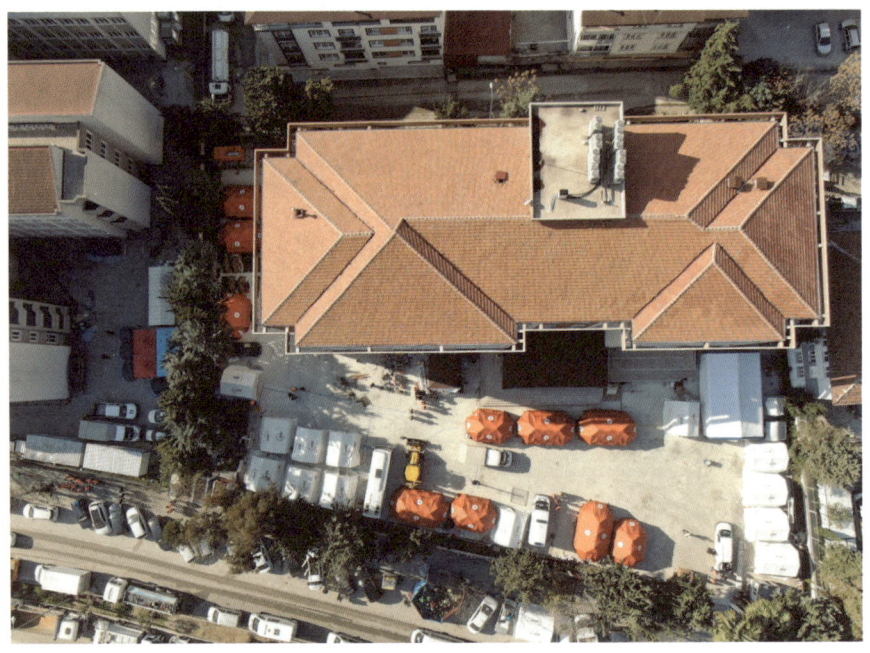

▪ 셀림 아나돌루 고등학교 전경(드론 촬영)

현장 지휘소와 장비 정리가 마무리돼 가면서 이제 남은 숙영지 편성을 시작했다. 고생한 대원들이 쉴 수 있도록 텐트를 설치했다. 해외긴급구호대에서 보유한 주황색 돔 형태의 텐트는 10동이었다. 협소한 공간에 10동을 설치하기란 쉽지 않았다.

▪ 숙영지 편성(텐트 설치)

　재난·비상관리 당국에 양해를 구하고 어젯밤 설정했던 구역에서 조금 더 확장해 텐트를 설치했다. 국군의무사령부 진료실 겸 여자 숙소 1동과 특전사에 2동을 지급했다. 그리고 구조팀과 외교부, 코이카가 함께 사용하는 텐트 7동을 설치했다.
　텐트를 설치하기 위해선 많은 인력이 필요했다. 대기하고 있던 구조반 대원들과 특전사 대원들이 힘을 모아 텐트를 설치했다. 특전사 대원들이 급하게 파견되면서 사전에 텐트를 준비하지 못했다. 그래서 일부 특전사 대원은 1인용 개인 천막을 사용해 취침한 게 아쉬웠다.
　지난밤 한숨도 자지 못한 대원들에게 오늘 밤부터 추위를 피해 휴식할 수 있는 장소가 생겨 마음이 가벼워졌다. 텐트를 다 치고 나니 또 다른 우발 상황에 맞닥뜨렸다. 텐트 내부 바닥재(깔판)가 없었다. 추운 날씨에 바닥재 없이 콘크리트 바닥에서 등을 대고 잔다는 건 얼음판에 등을 대고 자는 것과 다를 바 없었다. 그래서 주변에 있는 종이박스와 천 조각을 구해 와 바닥재 대신 텐트 내부에 깔았다. 임시방편으로 잘했다고 생각했다.

그런데 그게 끝이 아니었다. 침낭 8개가 든 물자 박스 하나가 함께 오지 못했다. 영하의 추위에 잠시 휴식을 취하기 위한 필수 물품인데……. 물류반 대원들의 고민이 깊어 갔다. 오늘 밤 8명은 침낭 없이 보내야 했다. 과연 그 8명을 누구로 할 건지, 결정할 수 없었다.

결국 운영반·물류반 일부 대원이 침낭 없이 하룻밤을 보내기로 했다. 그들은 그날 밤 모닥불과 함께 뜬눈으로 밤을 지새웠다. 누군가의 희생으로 다른 대원들이 편하게 잠을 청할 수 있다면 그것만으로 족했다.

난방도 문제였다. 전기 등유 난로를 가져 왔지만 하이타이주 안타키아 일대에서 등유를 구하기란 하늘의 별 따기였다(주유소가 붕괴돼 영업하는 곳이 없었고 튀르키예는 등유를 잘 사용하지 않았다). 전기난로는 전력이 부족해 사용 시 발전기의 차단기가 내려가 사용할 수 없었다. 추위와 허기는 사람을 나약하게 만들었지만 누구 하나 불평 없이 열악한 환경에 맞춰 휴식했고 묵묵히 각자의 임무에 충실했다. 최초 해외긴급구호대가 소집되기 전날 국제구조대 물류반은 인천공항 물류창고에서 수송기에 적재할 물자 모두를 포장해 항공 수화물 위탁업체에 넘겼다. 그 후 군 인력이 급파되면서 수송기 이륙 중량을 맞추기 위해 최초 수송기에 적재된 화물 일부를 빼고 군 화물을 적재했다. 그때 시간이 부족한 탓에 임무 우선순위에 대한 고려 없이 화물칸 입구에서 가까운 것부터 내리면서 장비 일부가 함께 오지 못해 이런 상황에 놓이고 말았다.

현장 지휘소로 사용할 텐트도 대원들 숙소로 전환했다. 이게 바로 운동장에 있던 정자가 현장 지휘소로 사용된 이유다. 처음엔 종이박스로 책상을 대신했지만 재난·비상관리 당국의 협조로 교실에 있는 책상과 의자를 가지고 나왔다.

천장에는 텐트용 전등을 달고 추위를 이겨내기 위한 저전력 전기난로를 설치했다. 부처별 행정업무에 필요한 노트북과 프린터도 준비됐다. 사전에 출력해 온 인사락 가이드라인 양식에 수기로 간단한 현황들을 적었다. 이를 정자 비닐 외벽에 붙여 현장 지휘소 기능을 갖추도록 했다.

▪ 급조한 KDRT 현장 지휘소

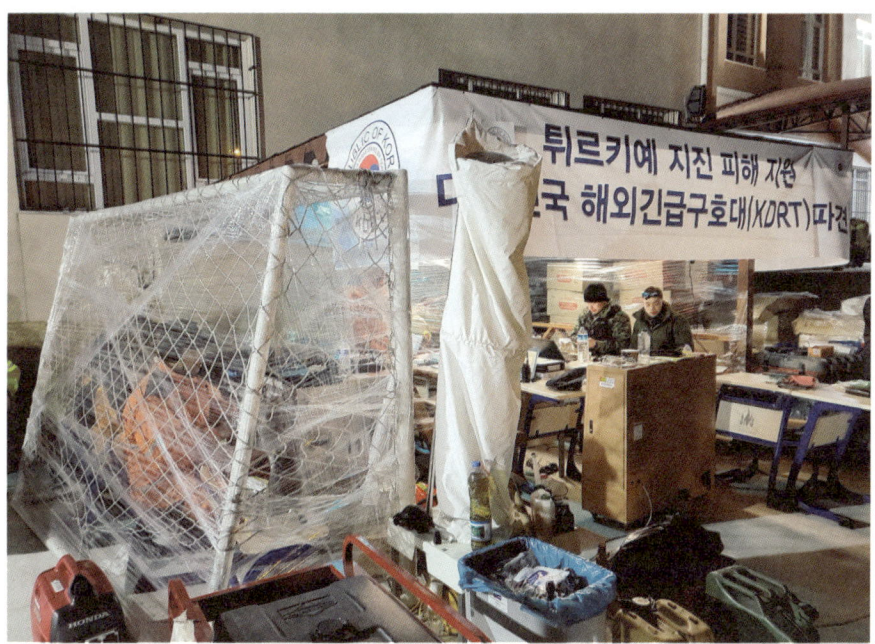
▪ 운영·물류반 통합 현장 지휘소

나름 구색은 갖췄지만 비닐랩 사이를 파고드는 영하의 차가운 바람은 앉아서 업무를 처리하는 대원들에게 혹독했다.

현장 지휘소가 협소하다 보니 물류반이 함께 들어오지 못했다. 고민 끝에 학교 운동장에 있는 축구 골대를 가져와 현장 지휘소처럼 화물 패킹용 비닐랩을 이용해 별도의 공간을 만들었다. 그리고 현장 지휘소에 이어 붙여 하나의 실로 만들었다.

물류반 대원들은 이곳에서 장비 입출을 확인했다. 곁에서 지켜 보던 주변 대원들이 고생한 물류반 대원들을 위해 박수를 보내줬다. 아무것도 없던 이곳에서 우리는 하나씩 무엇인가를 만들어 갔다. 대한민국 해외긴급구호대는 세계 어디에 파견돼도 살아남을 수 있을 거란 자신감이 들었다.

숙영지 편성이 완료됐다. 고정식 위성전화기로 소방청·특전사 상황실과 연락도 완료됐다. 이제 본격적인 구조작전을 할 수 있는 모든 여건이 갖춰졌다.

이틀을 꼬박 새우니 피로가 몰려왔다. 침낭이 없어도 잠을 청할 수 있을 것 같았다. 새벽 3시께 좀비처럼 방화복을 입고 두건을 썼다. 이름 모를 텐트의 끝자락 맨바닥에 등을 기댔다. 잠시 기절했지만 이내 누군가 바닥의 카페트 끝 일부를 덮어주는 것에 놀라 깨버렸다. 더 잠을 잔다는 건 무리였다. 그냥 일어나 모닥불로 향했다. 그곳에는 침낭이 없는 몇몇이 모여 밤을 지새우고 있었다.

05 삶과 죽음의 현장에서

소방관은 재난 현장에서 삶과 죽음의 경계에 있는 고위험 직업군이다. 또 화재 등 재난 현장에서 죽은 이의 최초 목격자다.

중앙119구조본부에서 국제구조대를 운영하는 이유는 여러 해외 재난지역에서 활동한 경험을 바탕으로 불확실성을 최소화할 수 있는 준비된 조직이기 때문이다(튀르키예 지진 피해 대응 파견 이후 시도 소방본부 소속 소방관도 국제구조대에 지원할 수 있게 됐다. 지금은 130여 명의 인력풀을 확보하고 있다).

이번 튀르키예 대지진으로 발생한 정확한 사상자 수를 파악하기는 쉽지 않다. 무너진 건물 아래 얼마나 많은 사람이 있을지 상상조차 할 수 없다.

지진 피해 현장 수색 간 무너진 건물 틈 사이로 사망한 사람들을 종종 볼 수 있었다. 길거리에서 유가족, 현지 소방관 등이 사망자를 수습하는 광경은 지옥 그 자체였다.

하루 이틀 시간이 지나면서 사망자 수습 시 지독한 냄새를 맡을 수 있었다. 더 시간이 지나면 길거리 이곳저곳에서 시체 썩는 냄새가 진동할 것이다.

튀르키예 정부는 일주일 동안 국가적 애도 시간을 가진 후 지진 피해 지역의 건물을 철거한다고 발표했다. 살아남은 이의 슬픔을 빨리 정리하고 국가 프로세스를 정상 궤도에 올려놓기 위한 노력이다.

수많은 사고 현장에는 삶과 죽음이 공존한다. 국제구조대원들은 죽은 자에게도 명예가 있다고 생각한다. 죽은 이의 마지막 가는 길이 누군가에게 흉이 되지 않길 바란다. 그래서 우린 구조작업 시 외부로 노출되지 않도록 천 등으로 현장을 차단하고 사망자를 수습한다. 이 방식은 생존자를 구조할 때도 마찬가지다.

찢어진 옷 사이로 살결이 보이지 않도록 덮어주고 훼손된 신체가 유가족에게 더 큰 슬픔이 되지 않게끔 현장에서 우리가 할 수 있는 최대한의 조치를 했다. 사망자 구조가 완료되면 사체낭에 모시고 고인에 대한 묵념 후 유가족 또는 현지 의료기관에 인계했다.

▪ 무너진 건물 수색 활동

▪ 구조작업 시 천 등을 이용해 노출 차단

그리고 유가족이 없는 사망자일 경우 사체낭에 대략적인 사망자 정보를 적었다. 현지 의료기관으로 이송한 후에는 유가족이 찾을 수 있도록 사망자 수습 장소를 구글맵 기준으로 기록해 뒀다.

우리의 행동이 유가족에게 실례가 되지 않게 통역사를 통해 절차를 전달했다. 그 얘기를 들은 유가족들은 고개를 끄떡이며 뜨거운 눈물을 흘렸다. 대한민국 해외긴급구호대가 재난 현장에서 사망자에 대한 예의를 표현하는 방법이 다른 나라 구조대에게 전파됐으면 하는 바람도 있었다(간혹 궁금해하는 외국 구조대도 있었다).

국내 재난 현장과 달리 이번처럼 대규모 지진 피해 현장에서 구조 활동 시 산 자와 죽은 자의 가치를 논할 때가 있다. 제한적인 시간에 살아 있는 사람을 구조하는 게 더 가치 있는 일이라고 생각하는 사람이 많다.

그렇다면 사망자를 수습하는 건 가치가 없는 일인가. 이번 튀르키예 현장에서는 이런 딜레마에 빠진 대원들이 많았다. 생존자가 있다는 제보를 받고 이동하다 보면 우릴 잡는 현지 주민이 많았다.

"건물에 깔려 사망한 가족을 꺼내주세요"

당신이라면 어떤 선택을 할 것인가. 그리고 가족에게 어떤 말을 할 것인가. 생존자든, 사망자든 유가족에게는 모두 소중한 존재다. 동서고금을 막론하고 함께 먹고, 자고, 생활한 가족을 하루아침에 잃어버렸는데 안 슬퍼할 사람이 있겠는가.

생존자를 구조하든, 사망자를 수습하든 유가족 모두 우리에게 기쁨과 슬픔의 눈물을 보여줬다. 그리고 감사의 인사를 아끼지 않았다. 이 삶과 죽음의 현장에서 우리가 배운 건 가족의 소중함이었다.

▪ 사망자에 대한 예의

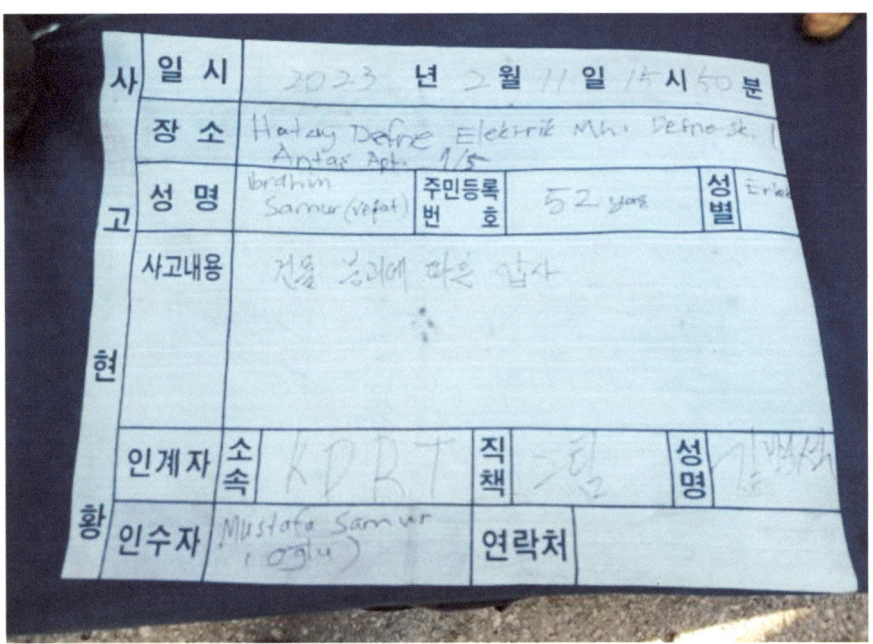

▪ 사체낭 사망자 정보

상황일지 2월 9일

생존자 5명 구조 | 사망자 9명 수습

첫 번째 생존자 구조, 그 감격의 순간

- 위치(경도, 위도): 36.2046407, 36.1574764 | 생존자: Ali ○○(남, 75)

　새벽부터 탐색반은 무너진 건물을 수색하고 있었다. 그러던 중 재난·비상관리 당국 소속 운전기사가 서둘러 다가왔다.

"아기 울음소리가 들린다는 신고가 튀르키예 재난·비상관리 당국으로 접수됐어요. 신고접수 지역으로 이동해야 해요"

이것이 대한민국 해외긴급구호대의 공식적인 첫 번째 구조 출동이다. 재난·비상관리 당국 소속의 현지 운전기사도 신고 내용을 알아서인지 다급하게 가속페달을 밟으며 핸들을 거칠게 다뤘다.

좁은 골목을 통과하면서 차량 사이드미러가 파손됐다. 장애물이 있어도 개의치 않고 거침없이 목적지로 향했다. 영화의 한 장면이라 해도 어색하지 않을 만큼 운전기사는 운전에 집중했다. 우리가 도착한 현장은 말로 표현할 수 없었다. 포탄이 떨어진 전쟁터의 중심에 서 있는 기분이었다. 주변은 적막했다. 무너진 건물 더미를 잡고 울부짖으면서 흐느끼는 유가족들을 보니 눈시울이 뜨거워졌다. 차량에서 하차한 후 각자 임무를 나누고 신속하게 붕괴된 건물을 살피며 탐색을 시작했다.

훈련 시 참고 자료에서나 볼 수 있었던 팬케이크 붕괴 형태가 눈앞에 아주 선명하게 펼쳐졌다.

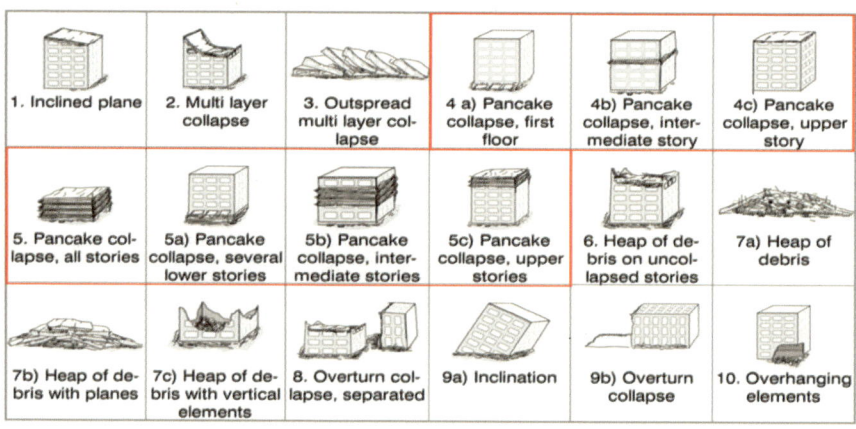

• 인사락 건물 붕괴 형태

건물을 받치고 있던 기둥과 내력벽이 무너져 각 층 바닥 콘크리트판만 차곡차곡 쌓여 있는 모습이다. 이곳 안타키아의 무너진 건물 형태 중 90% 이상이 팬케이크 형태였다.

■ 팬케이크 형태의 붕괴

　작은 틈으로 건물 내부를 보며 실낱같은 희망에 간절함을 품고 현장 활동을 시작했다. 무거운 콘크리트 더미에 머리나 관절이 끼어있는 사망자가 다수 식별됐지만 아기 울음소리는 들리지 않았다. 신고한 사람을 만날 수 없어 신고된 건물 말고는 정확한 정보가 없었다.
　위치를 특정할 수 없어 범위를 넓혀 수색하기로 했다. 한 시간가량 주변 건물을 수색했다. 그때 무너진 건물 틈에서 알아들을 수 없는 현지인의 목소리가 들렸다.

'생존자가 정말 이곳에 살아 있을까?'

　목소리가 들려오는 곳에는 체구가 작은 사람이 들어갈 수 있을 법한 틈이 있었다. 들어갈 수 있는 공간은 좁았고 걸리적거리는 구조물도 많았다. 장애물들을 하나씩 제거하며 통로를 개척해 들어갔다. 작은 손 망치로 콘크리트 장애물을 깨고 손으로 걷어냈다. 생존자를 구조해야겠다는 생각만 머릿속에 가득했다.
　정신없이 깨고, 부수고, 자르는 동안 밖에 있는 현지 주민들의 다급한 소리가 들렸다. 무언가 우리가 의도한 일이 잘못됐다는 걸 직감하고 입구를 향해 엎드린 채 낮은 자세로 뒷걸음질 치며 나왔다.

대원들이 손전등으로 틈 사이를 주시하고 있었다. 그때 작은 구멍 사이로 사람의 움직임이 보였다. 생존자에게 우리가 있다는 사실을 알려주면서 우리가 만들어 놓은 통로 쪽으로 손전등 빛을 비춰 유도하기 시작했다. 그분도 우리의 뜻을 알았는지 불빛이 있는 통로로 천천히 기어서 이동하기 시작했다.

순간 안도의 한숨이 나왔지만 '조금만 늦었더라면'이라는 생각을 떨쳐 버릴 수 없었다. 마침내 통로를 개척하던 대원이 생존자와 손을 잡았다. 대한민국 해외긴급구호대가 콘크리트 잔해 속에서 생존자 1명을 구조하는 역사적인 순간이었다.

■ 최초 생존자 구조

생존자는 70대 남성이었다. 사흘 동안 콘크리트 장애물에 갇혀 아무것도 먹지 못해 몸에 힘이라곤 찾아보기 어려웠다. 그런데도 마지막 힘을 다해 생존 신호를 보냈다. 구조 타이밍도 절묘했다. 조금만 더 시간이 지체됐다면 다시는 세상의 밝은 빛을 보지 못했을 수도 있다.

좁은 통로로 들것이 들어갔다. 조금 뒤 구조대상자가 들것에 실려 나오면서 구조대원의 손을 꼭 잡았다. 그의 눈에선 눈물이 흘러내렸다. 눈빛만으로도 그의 마음을 알 것 같았다. 우리도 끝까지 포기하지 않고 살아주셔서 감사하다는 눈인사를 보냈다.

현장에 도착해서 수색 활동을 시작한 지 약 2시간 만에 대한민국 해외긴급구호대는 새로운 역사를 썼다. 우릴 이곳으로 안내해 주고 다른 업무를 본 뒤 도착한 튀르키예 재난·비상관리 당국 직원 Rakip Aslan은 생존자 구조 소식을 듣고 무척 기뻐했다. 그리고 재난·비상관리 당국과 현지 언론에 대한민국 구조대가 생존자를 구조했다는 소식을 알려야 한다며 연신 고마움을 표현했다.

"이번 지진으로 아버지를 하늘나라에 떠나보냈어요.
하지만 슬픔에 잠길 겨를이 없었죠.
한 명이라도 더 구조하려고 안간힘을 써야만 했거든요.
아직 구조대상자가 생존해 있을 골든타임이니 지체할 시간이 없어요"

그의 말을 듣고 나니 1명을 구조하고 환희와 기쁨에 사로잡혀 있는 우리가 작아 보였다. 지금도 어두운 건물아래에 갇혀 있는 생존자가 많다. 정신을 차리고 생존자를 찾아 불빛 하나 없는 어두운 도시의 골목을 다시 수색하기 시작했다.

사망자 2명 수습

- **위치(경도, 위도):** 36.2042580, 36.1568947

　탐색반이 출발한 후 숙영지를 편성하고 있는데 생존자 구조 소식이 전해졌다. 우리는 가슴이 벅차올랐다. 골든타임의 끝자락에서 구조작업을 시작했지만 아직 희망을 잃기엔 시기상조였다.

　우리 도움을 기다리는 사람들이 무너진 건물 아래에서 구조를 기다리고 있다는 생각에 마음이 바빠졌다. 빨리 현장에서 생존자를 구해야겠다는 생각뿐이었다.

오전 7시 27분께 내가 속한 구조반에 첫 구조 활동 명령이 떨어졌다. 현장 지휘소에서 임무 지역과 위치를 부여받았다. 대원들은 구조에 필요한 장비를 챙겼다.

매몰된 생존자를 찾아 대화를 시도할 수 있는 서치탭과 콘크리트나 철근을 절단하고 무거운 걸 들어 올릴 때 사용하는 배터리식 유압장비, 생존자를 찾아 안전하게 이동시킬 수 있는 들것, 전기를 공급하는 소형 발전기, 사망자를 수습해 운반할 때 사용할 사체낭 등이었다. 그리고 가장 중요한 물과 기본 식량을 챙겼다.

출동신고를 마치고 현지 재난·비상관리 당국에서 제공해 준 밴과 픽업 차량에 탑승했다. 통역사는 현장 지휘소에서 알려준 위치를 현지 운전사에게 구글맵을 보여주며 설명했다. 운전사가 이해하고 고개를 끄덕인 후에야 출발할 수 있었다.

통역사가 잘 설명한 덕에 출발이 순조로웠다. 무너지고 부서진 건물을 보며 덜컹거리는 도로를 따라 20분가량 이동했다. 태어나 처음 온 낯선 튀르키예에서 만난 낯선 사람들은 우리의 도움을 기다리고 있었다.

도시 전체가 미사일 공격을 받은 것처럼 건물이 무너지고, 벽 곳곳에 금이 가고, 유리창은 깨져있었다. 어떤 건물은 손가락으로 밀어도 무너질 것 같은 느낌이 들었다. 우리가 도착했을 때 이미 현지인들과 튀르키예 구조대는 무너진 건물에서 생존자를 찾기 위해 수색 중이었다.

무너진 건물의 범위가 넓다 보니 생존자 수색이 힘들었다. 무너진 건물 주변에는 구경꾼도 있었지만 대부분 가족의 생사를 몰라 확인을 기다리는 사람들과 무너진 콘크리트 더미 아래에 가족이 있다고 주장하는 사람들이었다. 이들은 수색을 요구하며 아우성을 쳤다.

하지만 우리가 가진 장비와 인력으로는 요구사항을 모두 들어주기에 역부족이었다. 지진으로 가족을 잃은 유가족들의 울부짖음은 마치 야수의 울음과도 같았다. 우리를 보고 도와 달라는 손짓에는 절규가, 눈빛에는 간절함이 느껴졌다.

■ 2조가 도착한 현장

'생존자가 있다면 신고 지역을 수색한 후 다시 돌아올 때까지 생존해 있길...'

우린 광범위하게 무너진 건물을 효과적으로 수색하기 위해 2개 조로 나눠 생존자 신호를 찾는 데 집중했다. 처음 발견한 사망자의 모습이 지금도 머릿속에서 지워지지 않는다. 건물 입구에서 불과 1m도 떨어지지 않은 곳에서 사망해 있었다.

'1m만 나왔으면 됐는데... 조금만 빨리 움직였으면 됐을 텐데...'

생각이 멈추지 않았다. 빨리 복잡한 감정을 정리하고 이분을 편안하게 해줘야겠다는 생각에 정신을 차렸다. 우리가 할 수 있는 일에 집중해야 했다. 주변 환경과 건물 안정성을 평가하고 신속하게 구조할 방법에 대해 토의한 후 구조작업을 개시했다.

▪ 튀르키예 구조인력과 토의

 외부로 보이는 사망자의 옆으로 기어들어 가 내부 상황을 먼저 확인했다. 건물의 상층 바닥 콘크리트와 내력벽 사이에 하체가 끼어있었다. 상부에서 콘크리트 덩어리가 누르고 있어 구조작업이 쉽지 않았다. 또 간헐적 여진이 있어 구조대원이 진입했을 때 안전을 장담할 수 없는 상황이었다.
 그중 가장 어려운 건 구조대원이 사망자의 신체를 접촉하며 빼내야 한다는 사실이다. 심리적으로 쉬운 일이 아니었다.
 우린 사망자의 초상권과 명예를 지켜주기 위해 구조작업 장소를 담요로 가렸다. 그런 후 구조대원이 사망자의 옆쪽 공간을 비집고 들어가 구조 활동을 시작했다. '사망자가 삶과 죽음의 기로에서 왜 1m를 나오지 못했을까?' 하는 의문은 내부 상황으로 알 수 있었다.
 건물 전체가 무너진 상황에서 사망자가 외부로 노출돼 있으니 건물 입구라고 생각했는데 내부는 침실이었다. 침실에서 자던 중 새벽 시간에 지진이 발생해 건물이 무너지면서 창가 쪽으로 튕겨 나오지 않았을까 추측됐다.

상판 바닥 콘크리트가 사망자의 다리 위로 떨어져 다리가 콘크리트와 침대 프레임 사이에 끼여 사망한 상태였다. 사망자를 구조하려면 상판 바닥 콘크리트와 침대 프레임을 제거해야 했다. 공간이 협소해 몸을 자유롭게 쓸 수 없었다.

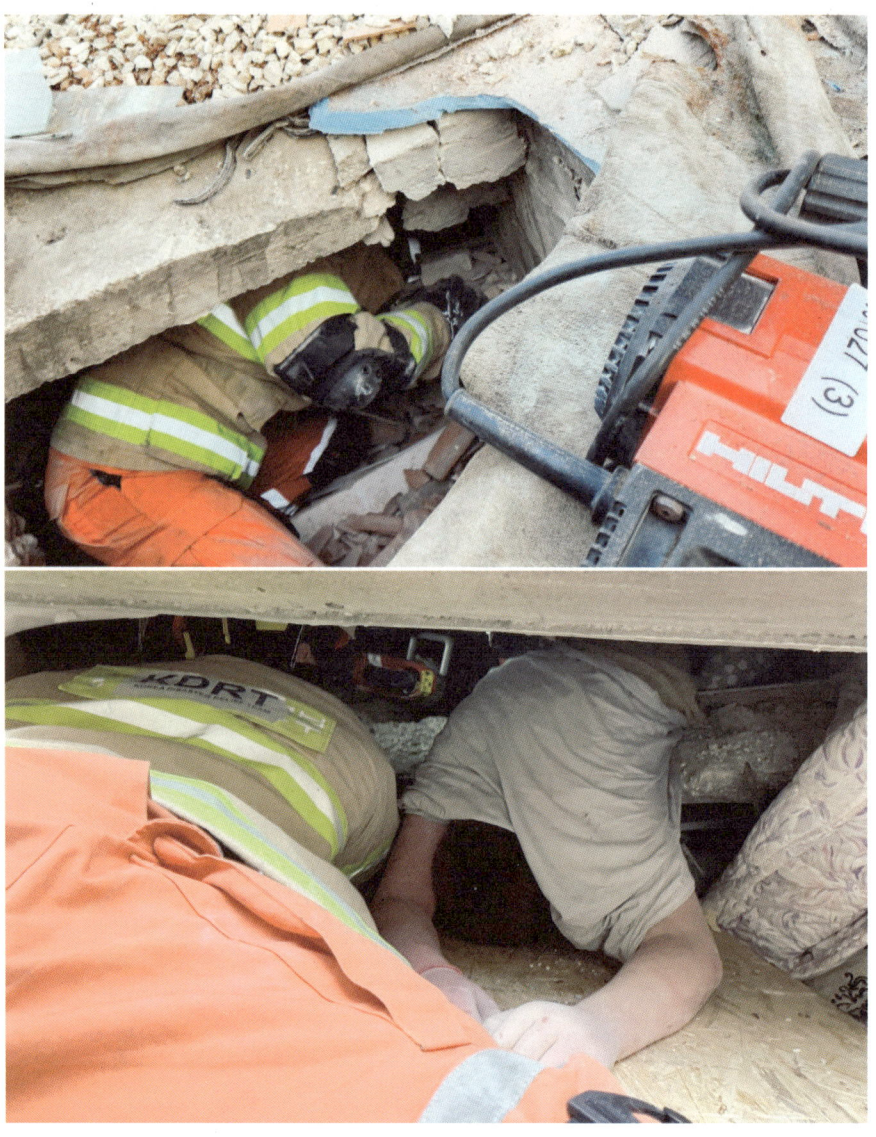

■ 사망자 수습

개척한 통로는 오직 전진과 후진만 가능했다. 외부에서 무거운 장비를 받아 내부에서 운용하기란 쉽지 않았다. 배터리식 유압장비는 자신의 한계를 시험하듯 굉음을 내며 있는 힘을 다하고서야 겨우 콘크리트 일부를 들어 올릴 수 있었다.

장비의 성능한계 이상으로 사용하다 잘못하면 장비가 파열돼 구조대원이 다치거나 그 충격으로 건물이 무너져 고립될 수도 있다. 우린 상판을 지지하고 있는 장비에 어떠한 충격도 주지 않기 위해 최소한의 움직임으로 작업을 진행했다.

신속하게 침대 프레임을 하나하나 절단하며 사망자를 꺼낼 수 있는 환경을 만들었다. 우리의 마음이 하늘에 닿았는지 엎드려 불편한 자세로 있던 사망자를 비교적 이른 시간에 꺼낼 수 있었다.

주변에 사망자의 가족을 수소문했지만 찾을 수 없었다. 어쩔 수 없이 현지 구급차가 있는 곳으로 현지 구조대원들과 함께 사망자를 옮겼다. 편안하게 눕혀 주고 싶었지만 사후 강직된 상태라 엎드린 자세 그대로 담요를 덮어줄 수밖에 없었다. 다른 조에 의해 같은 건물 상부에서 또 다른 사망자 한 명이 발견됐다.

■ 수색 · 사망자 수습

  몇 층인지 알 수 없을 정도로 무너진 건물의 상부 구조 현장은 큰 외벽이 비스듬히 무너져 쌓여 있어 추가 붕괴 우려가 더 컸다. 사망자의 위치는 확인됐다. 무너진 콘크리트 벽체 사이로 머리카락처럼 엉켜있는 철근을 절단하고 들어가야 하는 상황이었다.

  구조대원이 들어가기 쉬운 곳을 선택한 후 철근을 절단하며 기어서 접근했다. 사망자는 산산이 부서진 콘크리트 더미와 가전제품들에 몸 일부가 짓눌려 있었다. 주변을 둘러보니 부엌이었다. 여러 가지 배관이 엿가락처럼 휘어져 있었다.

  작업할 수 있는 공간이 협소했다. 휴대용 커터를 이용해 배관부터 절단하고 구조 활동을 할 수 있는 공간을 만들었다. 좁은 공간에서 젖먹던 힘까지 쓰다 보니 땀이 비 오듯 흘렀다. 정신없이 작업한 결과 구조대원이 접근할 수 있는 통로는 어느 정도 확보됐다. 사망자에게 접근해 주변을 확인했다. 사망자를 짓누른 콘크리트를 장비로 부수거나 잘라내긴 어려운 상황이었다.

"콘크리트 더미가 떨어지지 않게 지지하고
사망자 몸 아랫부분의 잔해물부터 걷어냅시다"

　주변에 마땅한 도구가 없어 손과 깨져있던 타일로 콘크리트 자갈과 목재를 제거하고 나서야 사망자를 구조할 수 있었다. 두 곳의 작업이 어느 정도 마무리돼 갈 때쯤 우려했던 여진이 발생했다.

　주변에서 구조작업을 지켜보던 현지 주민과 아래쪽에 있던 동료 구조대원들이 소리를 지르며 호각을 불기 시작했다. 아래에 있던 또 다른 구조대원은 빨리 현장에서 벗어나라는 손짓을 하기도 했다. 우린 모든 걸 그대로 두고 안전한 도로 가장자리로 대피했다.

　다행히 구조작업을 하던 건물은 추가 붕괴가 일어나지 않았다. 여진이 멈추자마자 구조작업은 다시 진행됐다. 아무리 뛰어난 구조실력을 갖춘 대원이라도 하늘의 도움은 필요하다. 움직이지 않던 무거운 콘크리트가 조금씩 옆으로 밀려났고 마침내 사망자를 구조했다.

　쌀쌀한 날씨에 신체가 노출되지 않도록 담요로 덮어줬다. 안전한 곳으로 이동시키고 사체낭에 고인을 모신 후 거수경례로 예의를 표했다. 현지 구조 인력에게 사체낭을 인계하고 우리의 도움이 필요한 다른 곳으로 발길을 옮겼다.

▪ 사망자 수습 · 예의

사망자 6명 수습

- 위치(경도, 위도): 36.2040811, 36.1573443

첫 번째 생존자 구조 소식이 전해지자 숙영지에 남아 있던 대원들은 환호성을 질렀다. 가슴 한편이 뜨거워졌다. 하지만 그 기쁨은 오래가지 않았다. 흩어져 수색·구조작업을 하던 팀별로 사망자를 수습했다는 내용이 보고됐다. 예상했지만 생각보다 사망자가 많았다.

특히 우리가 맡은 섹터-I는 지진의 직격탄을 맞은 곳이자 위험지역이라 외국 구조대의 전개가 늦어지고 있었다. 광범위한 지진 피해지역에서 구조할 수 있는 인력과 장비가 부족하다 보니 사망자를 수습할 여력이 없었다.

순식간에 대한민국 구조대가 수습한 사망자는 6명이 됐다. 현장 지휘소에서도 당황했다. 앞으로 사망자를 얼마나 더 수습할지 모르지만 우리가 예상했던 것보다 많을 수 있겠다는 생각이 들었다.

우선 물류반은 사체낭 재고를 확인했다. 아침에 대원들이 출동할 때 대부분 가져가서 몇 장 남지 않았다. 한국에서 항공 수화물로 가져오기엔 시간적 여유가 없었다. 그래서 코이카와 영사관 관계자를 통해 튀르키예 정부에 사체낭을 보급해달라고 협조 요청을 했다(다음날 10박스 정도의 사체낭이 도착했다).

현장 활동 중인 대원들에게 수습한 사망자에 대한 예의를 지켜달라고 다시 한 번 강조했다. 골든타임이 얼마 남지 않은 상황에서 1분 1초가 아까웠다.

거리에서 도와달라는 유가족과 수색 중 발견된 사망자를 수습하지 않고 간다는 건 심리적으로 쉬운 일이 아니었다. 마치 죄를 짓고 도망가는 죄인처럼 마음이 무거웠다.

하지만 많은 사망자를 모두 수습하다 보면 아직 생존 가능성이 있는 구조대상자를 포기해야 하는 일이 생길 수 있다. 팀장과 대원들의 고민이 깊어졌다. 결단이 필요했다.

그곳에 있는 누구도 결정하기 어려운 문제였다. 하지만 우리가 이곳에 온 목적에 집중했다. 무너진 건물 아래서 도움의 손길을 기다리는 생존자를 생각했다. 그리고 토의를 통해 최종 지침을 하달했다.

구조대장(중앙119구조본부장)은 "향후 수색과 구조에 있어 짧은 시간에 수습이 가능한 사망자만 수습하고 나머지는 현지 구조 인력에게 위치를 알린 후 생존자 수색과 구조에 집중하라"는 지침을 내렸다.

맞는 말이었다. 사망자 수습도 중요하지만 대한민국 해외긴급구호대가 튀르키예에 온 목적은 한 명의 생존자라도 더 구조하기 위해서다.

▪ 구조 현장 대원들

막내아들을 잃은 슬픔의 눈물
생존자 3명 구조, 사망자 1명 수습

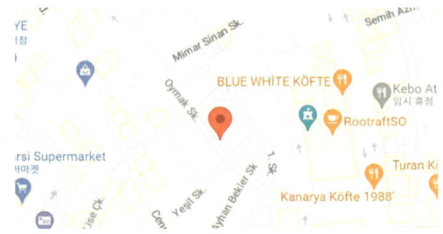

- **위치(경도, 위도):** 36.2052167, 36.1584795
  생존자: Mahmut ○○(남, 40), Ra○(여, 35), Ru○(여, 2)

우린 다시 생존자를 찾기 위해 무너진 건물을 수색했다. 구조견 해태와 함께 도로 좌·우측에 붕괴된 건물을 빼놓지 않고 샅샅이 뒤졌다. 이 지역은 도로 양쪽에 있는 주거용 건물이 모두 무너진 상태여서 수색에 상당한 시간이 걸렸다. 무너진 건물의 벽면을 오르고 철근이 튀어나온 콘크리트 구조물을 넘어야 했다. 깨진 유리가 가득한 거실과 방을 기어 다니며 수색하기도 했다. 대원들은 체력적으로 지쳐가고 있었다. 그때 현지 주민이 다급하게 달려와 건물 아래에 사람이 있다며 구조를 요청했다.

우리 팀은 모든 행동을 중지하고 현지 주민을 따라 무너진 건물로 신속히 뛰어갔다. 도착한 곳은 외관상 5층 건물이었다. 지하 1층과 지상 1층이 무너진 상태로 건물 전체가 약 30° 기울어져 옆 건물에 기대어 있는 형태였다.

이 건물이 안정화된 상태인지 정확하게 판단할 수 없었다. 여진이 발생하면 안전을 장담하기 힘들었다. 수색·구조하는 대원에게는 심리적으로 어려운 상황이었지만 주저하지 않고 수색에 들어갔다.

건물과 건물 사이에 1m가량의 틈이 있었다. 몸만 들어갈 수 있다면 수단과 방법을 가리지 않고 뚫고 들어가는 게 우리 구조대원의 특기다. 좁은 틈을 비집고 들어가 건물의 측면으로 진입했다.

2층 바닥 콘크리트 한쪽이 1층 바닥으로 무너져 기대어 있었다. 반대쪽 한 면도 벽에 기댄 상태로 아래쪽에 약간의 공간이 남아 있는 형태였다. 진입한 구조대원이 소리를 지르면서 생존자를 확인했다.

　그때 무너진 2층 바닥 콘크리트 반대편에서 생존자의 소리가 들렸다. 하지만 생존자에게 접근하기가 쉽지 않았다. 생존자가 의사소통할 수 있다는 것만으로도 하늘에 감사했다. 행운이라는 생각이 들었다.

　무너진 2층 바닥 콘크리트를 해머로 깨면서 철근을 절단해야 했다. 우린 거침없이 생존자가 있는 곳으로 전진했다. 가정집이라 목재로 된 가구의 잔해물이 많았다. 장애물들을 하나씩 제거하며 생존자가 있는 곳으로 통로를 개척했다.

　구조대원이 제일 먼저 발견한 사람은 어린 여자아이였다. 말은 통하지 않았지만 구조대원의 눈빛과 손짓을 보며 손을 내밀었고 마침내 잡을 수 있었다. 좁은 공간이었지만 아이는 있는 힘을 다해 작은 몸을 움직였고 부모로 보이는 남성이 아이가 구조대원에게 인계되도록 도와 빠르게 구조할 수 있었다.

▪ 생존자 구조 ｜ 출처 연합뉴스

　하지만 문제는 다음 생존자 구조부터였다. 처음 들어간 구조대원의 덩치가 커서 더는 생존자에게 접근할 수 없었다. 구조대원을 교체하기로 했다. 처음 들어간 대원이 엉거주춤 기다시피 뒤로 빠져나왔다. 곧바로 몸이 작고 날렵한 구조대원을 다시 투입했다.

두 번째 생존자는 성인 남성이었다. 무너진 콘크리트 더미와 목재에 눌려 하체를 움직일 수 없는 상황이었다. 생존자 몸 상태를 살펴보니 몸에 특별한 외상은 없어 보였다. 3일간 움직이지 못하고 무거운 콘크리트에 짓눌려 있어 압좌증후군[10](크러시 증후군)을 의심해 볼 수도 있었지만 좁은 공간에서 생존자 신체를 확인하기란 불가능에 가까웠다. 게다가 언어 때문에 몸 건강 상태를 구체적으로 물어볼 수 있는 상황이 아니었다.

처음엔 착암기로 콘크리트를 깨고 구조할 계획이었다. 하지만 큰 장비를 사용할 공간이 없어 휴대용 톱을 이용해 목재부터 절단하며 내부 공간을 확보해 나갔다. 어느 정도 공간을 확보했다고 판단된 이후 해머로 콘크리트를 깨며 철근을 절단하기 시작했다.

남성을 누르고 있던 콘크리트를 걷어낸 뒤 엎드려 있던 남성의 몸을 돌려 손을 잡을 수 있었다. 오랫동안 하체가 고정돼 있어 걸을 수 없을 거로 판단했지만 잠시 안정을 취한 후 구조대원의 부축을 받으며 밖으로 걸어 나왔다.

부녀(父女)의 구조가 완료되고 주변을 수색하던 중 아주 약하게 여성의 목소리가 들렸다. 두 번째 남성 생존자에게 가려 보이지 않던 성인 여성이 아래쪽에 있었다. 여성은 침대에 누워있는 듯 보였다. 다행히 무너진 2층 바닥 콘크리트 일부가 침대 헤드 보드(머리맡 목재 틀)에 닿아 주저앉지 않았다.

하지만 오른팔이 머리 위로 꺾여 손가락 일부가 부서진 침대 헤드 보드와 콘크리트 사이에 껴 움직일 수 없는 상황이었다. 구조대원이 힘으로 여성의 손목을 잡고 빼내면 손가락 일부가 절단되거나 2차 피해가 발생할 확률이 높았.

외부에서 상황을 전달받은 구조반장이 휴대용 톱으로 침대 헤드 보드를 절단하라고 지시했다. 하지만 휴대용 톱을 사용하기 위해선 몇 가지 구조적으로 해결해야 할 문제가 있었다.

---

10) 사고 등으로 신체 일부가 무거운 물체에 압박돼 있다가 갑자기 풀려났을 때 죽은 세포에서 생성된 독성물질이 갑자기 혈액으로 쏟아져 나오면서 급사를 일으키는 현상 | 출처 네이버

구조대원이 침대로 올라가 작업하면 하중을 받아 생존자 손가락이 절단될 가능성이 있었다. 침대가 부서지면서 콘크리트가 아래로 떨어질 수도 있었다.

토의 끝에 최종 결정을 내렸다. 구조대원이 침대로 올라가 헤드 보드를 자르는 동안 침대가 무너지거나 유동이 생기지 않도록 침대 아래에 공간을 확보해 침대를 지지하자는 것이었다.

우리 토의 내용을 듣고 있던 건장한 튀르키예 구조대원이 자신의 등으로 침대를 지지하겠다고 나섰다. 대한민국과 튀르키예 구조대원은 현장으로 들어가 외부에서 토의한 내용대로 각자의 임무를 수행했고 무사히 여성을 구조해 외부로 나왔다. 이것이 대한민국과 튀르키예의 첫 번째 연합 구조작전이었다.

■ 여성 생존자 구조

생존자 세 명을 모두 구조한 후 세 번째 생존자인 여성은 침실에 남자아이 한 명이 더 있다는 말을 통역사에게 전했다. 우린 신속하게 네 번째 생존자를 찾기 위해 다시 좁은 통로로 기어들어 갔다.

세 명의 생존자를 발견한 지점에서 가까운 곳에 있을 가능성을 두고 주변을 수색했다. 구조대원들은 기어 다니며 손으로 직접 만져 보고 소리도 질러 봤지만 반응이 없었다.

한참을 수색하던 중 첫 번째 여자아이를 구조한 지점에서 조금 뒤쪽 잔해물 속에 웅크리고 있는 조그마한 남자아이를 발견했다. 아직 걸음마도 떼지 못한 아기였다. 부모의 사랑을 받으며 아장아장 걸음마를 배울 나이인데 이렇게 싸늘한 시체로 발견되니 구조대원도 눈시울이 붉어졌다.

외상이 없는 것으로 보아 사흘 동안 먹지도, 마시지도 못하고 추위에 노출돼 사망한 것 같았다. 너무 가슴이 아팠다. '우리가 조금만 더 빨리 왔으면 살아서 구조할 수 있었을 텐데'라는 생각이 구조대원의 마음을 더 아프게 했다.

구조된 사람들은 사흘 동안 움직이지도, 먹지도 못한 상태였다. 의료팀에서는 "탈수증이 심했다. 조금만 늦었어도 쇼크로 사망할 가능성이 컸다"고 말했다.

행복한 가족이 하루아침에 지진이라는 재앙으로 생이별을 했다. 생명을 구한 부모는 아들을 잃은 슬픔을 평생 마음속에 묻고 가슴 아파하며 살아갈 것이다. 지진이 원망스러웠다. 자연의 재앙 앞에 인간의 생명을 구하는 소방관의 삶이 초라하게 느껴졌다.

■ 가족의 구조를 지켜보고 있는 생존자 | 출처 연합뉴스

가슴을 뜨겁게 한 그날의 환호와 박수
생존자 1명 구조

- **위치(경도, 위도):** 36.2046407, 36.1574764 | **생존자:** Abdul ○○(남, 10)

  세 명의 사망자를 수습하고 이동한 곳은 첫 번째 현장과 그리 멀리 떨어진 곳은 아니었다. 우리가 도착하자마자 현지 주민들이 몰려와 도움을 요청했다. 어디를 먼저 갈 것인지 우선순위를 정할 수 있는 상황이 아니었다.

  일단 2개 조로 나눠 도움을 요청한 곳부터 수색을 시작했다. 영어로 의사전달이 가능한 현지 주민이 생존자가 있다는 곳으로 우리를 안내했다. 도착한 곳은 한국의 다세대 주택(빌라)과 비슷한 건물이었다.

1층이 무너져 2층이 1층의 역할을 하고 있었다. 애타게 도움의 손길을 기다리는 유가족들에게 생존자 신호를 어디서 목격했는지 물었다.

"어젯밤 지하에서 사람 목소리를 들었어요"

생존자가 있을 확률이 높겠다는 느낌이 들었다. 먼저 구조견을 투입해 소리가 들린 주변을 수색하게 했다. 대원들도 건물 전체를 육안으로 수색하면서 생존자의 생체 징후를 찾는 데 집중했다.

때로는 통역사의 입을 빌려 주변에 모인 현지 주민들을 조용히 시켜야 했다. 생존자의 소리를 들어야 했기 때문이다. 급할 때는 대원들이 검지를 세워 입에 대면서 "쉬~ 쉬~"라고 했다. 그럼 주변에 있던 현지 주민들도 자신의 검지를 세워 따라 하면서 마치 허수아비가 된 듯 미동도 없이 숨죽여 줬다.

수색 절차에 따라 생존자 확인을 반복하다 마침내 우리는 어린아이의 목소리를 들었다. 생존해 있는 게 확실했다. 그 목소리가 들린 곳을 찾아 통로를 개척했다. 모두가 아드레날린이 폭발한 듯 힘을 냈다.

좁은 공간에 꾸역꾸역 착암기를 넣어 콘크리트를 깨기 시작했다. 콘크리트가 단단하고 커서 다른 통로 개척을 시도해 봤지만 여기보다 좋은 여건의 통로는 없었다. 앞을 막고 있는 게 무엇이든 깨고 부수면서 극복해야 했다. 통로를 개척하는 작업은 힘들었다. 시간도 오래 걸렸다.

구조대원들은 자신의 체력이 다 소진되기 전에 다른 대원과 교대하며 체력을 보충해야 한다. 만약 체력을 다 써버리면 다음 구조 활동을 제대로 수행하기 어렵다. 그래서 강도 높은 구조 활동 시 교대와 휴식은 중요한 확인 사항이다. 이 모든 건 구조반장이 체크하고 관리해야 한다. 그래서 구조반장은 국내외 다양한 구조 경험과 현장 대응능력은 물론 반원들이 믿고 따를 수 있는 리더십을 가진 베테랑 구조대원이 임무를 수행한다. 그들이 육체·정신적 에너지 소모가 많을 수밖에 없는 이유다.

- 구조 활동 중인 대원들

구조작업과 동시에 생존자와 대화를 이어가는 건 필수조건이다. 생존자를 심리적으로 안정시키고 현재의 몸 상태를 확인해 구조 시 신속하게 대응할 수 있도록 정보를 얻어야 한다. 또 부정적인 언행으로 생존자에게 쇼크가 가지 않도록 주의해야 한다.

통역사는 무너진 건물 내부에 있던 어린아이와 계속 대화를 이어가며 심리적으로 안정시켰다. 대원들은 착암기로 콘크리트를 깨고 철근을 절단하면서 주변의 위험 요소를 살폈다. 신속하게 통로를 개척하면서 생존자를 심리적으로 안정시키는 건 풍부한 구조 경험과 훈련된 조직만이 가능하다는 생각을 다시 한 번 하게 됐다.

통로 개척에만 한 시간 이상이 소요됐다. 콘크리트를 깨고 내부로 구조대원이 기어들어갔다. 조금 뒤 생존자를 찾았다는 무전이 들려왔다. 다른 구조대원이 구조용 들것을 갖고 좁은 통로를 따라 들어갔다.

들것이 들어간 후 모두가 숨죽이고 있었다. 진입한 구조대원의 헬멧이 먼저 외부로 보였다. 뒤이어 수건으로 눈을 가린 채 들것에 실린 어린 남자아이가 나타났다. 통역사는 어린아이와 말을 이어갔다. 건강 상태도 나쁘지 않아 보였다.

현장을 지켜보던 현지 주민과 구조 인력, 타국 구조대 등 모두가 말로 표현할 수 없는 벅찬 순간이었다. 그곳에 있던 백여 명의 사람들이 일제히 손뼉을 치며 환호했다. 환호 소리에 우리의 가슴은 뜨거워졌다. 대한민국 소방관이자 국제구조대원이라는 사실이 무척 자랑스러웠다. 무엇보다도 끝까지 포기하지 않고 버텨준 아이에게 고마웠다.

구조용 들것에 아이를 고정하고 무너진 건물 잔해 더미 아래로 옮겼다. 도로에는 대한민국 해외긴급구호대로 출동한 국군의무사령부 소속의 의료팀이 대기하고 있었다. 의료팀은 전문성과 침착함을 유지하며 아이의 건강 상태를 확인했다. 건강상 큰 문제는 없다는 소견이었다. 안도의 한숨이 나왔다. 하지만 정밀검사와 치료가 필요한 상황이라 현지 병원으로 이송하기 위해 구급차로 옮겨 실었다.

• 생존자인 아이 구조

구급차가 떠나고 최초 구조작업 지점으로 돌아왔다. 장비를 정리하는 동안 현지 사람들은 계속 박수를 보내줬다. 우리가 유일하게 알아들을 수 있던 단어가 들렸다.

"코렐리, 코리아"

지금도 그 순간이 생생하게 기억난다. 우리의 가슴을 뜨겁게 만들었던 그날의 환호가 아직도 귓가에 선명하게 들린다.

> 대한민국 해외긴급구호대는 튀르키예 지진 피해 대응 2일 차에 생존자 5명을 구조하고 사망자 9명을 수습했다. 잠을 자지도, 먹지도 않고 오직 생존자를 구조해야 한다는 일념으로 모두가 일치단결했다. 우측 팔에 부착된 태극기가 자랑스러웠고 나의 조국 대한민국이 자랑스러운 날이었다.

상황일지 2월 10일　　사망자 4명 수습

사망자 2명 수습

- 사망자 발견 위치(경도, 위도): 36.2027561, 36.1567455

　튀르키예 지진 피해 대응 3일 차 아침이 밝았다. 영하의 추위와 싸우며 새우잠을 자고 나니 온몸이 불편했다. 허리가 아프고 어깨도 잘 돌아가지 않았다. 마치 오래된 기계에 그리스가 없어 뻑뻑하게 작동되는 느낌이랄까.

　대원들의 표정에도 피곤함이 가득했다. 어제는 자지도, 먹지도 않고 생존자 구조로 정신없이 하루를 보내다 보니 피곤함을 몰랐지만 잠을 자고 나면 그 피곤함이 배로 돌아온다.

　그래도 웃으면서 아침 인사를 나눴다. 작은 생수병 하나를 들고 건물 뒤로 가서 얼굴을 씻었다(하루종일 흙먼지 속에서 고생하고 야간에는 추워서 세수도 못한 상태로 잔 인원이 많았다). 간이 화장실을 설치해야 했는데 숙영지를 함께 사용하는 재난·비상관리 당국 사람들이 학교 1층 화장실을 사용해도 된다고 했다. 화장실은 말 그대로 똥 천지였다. 그날 물류반에서는 그곳을 호텔 화장실로 만든 기적을 보여줬다.

　즉석 식량에 물을 부으면서 어제의 고생에 대해 서로를 격려했다. 아침을 먹고 다시 지진의 참혹한 현장으로 생존자를 구조하기 위해 출동해야 했다. 출동 전 구조대장의 안전교육이 시작됐다.

- 출동 전 구조대장 안전교육

    현장 지휘소에서 오늘 수색지역을 어디로 할 것인지에 대한 토의가 진행됐다. 현재 튀르키예 재난·비상관리 당국에서 구조요청이 없는 상황이라 자체 지역을 선정해 생존자를 수색하기로 했다. 우선 어제 수색을 종료한 곳에서 다시 시작하기로 했다.

    안전교육을 마치고 구조반별로 배차된 차량에 탑승해 현장으로 출동했다. 시간이 조금 흐르고 숙영지 앞 도로에서 지역 주민 간 싸움이 일어나는 것 같았다. 조금 뒤 경찰이 민간인 세 명을 데리고 숙영지로 들어와 정문을 폐쇄했다.

    그러자 화난 지역 주민들이 정문을 흔들고 강제로 숙영지에 진입하려고 했다. 대원이 모두 나가고 없는 상황이라 긴장됐지만 특전사 대원이 일부 있어 안심할 수 있었다. 사태가 진정되자 상황을 파악했다. 알아보니 이재민 주택을 약탈하다 검거된 시리아 난민 3명에 대한 튀르키예 피해 주민들의 집단행동이었다.

힘든 상황에서 이런 일을 겪으니 얼마나 화가 날까. 우리는 앞으로 이런 소요 사태가 있을 것을 대비해 '위험 상황 발생 시 대피 절차' 계획을 수립하고 전 대원 대상 교육을 준비했다.

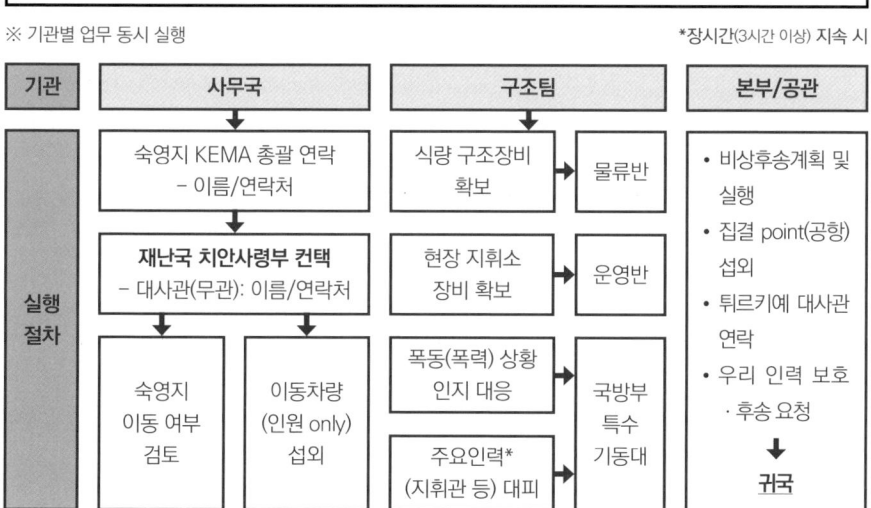

- 위험 상황 발생 시 대피 절차

또 숙영지 경비를 강화하기 위해 외교부에서는 튀르키예 정부에 경비 인력 증원을 요청했다(다음날 치안사령부 소속 무장 군인 4, 경찰 5명이 증원됐다). 숙영지에서 일촉즉발의 상황을 마무리할 때 즈음 구조반은 현장에서 옆으로 무너진 건물을 수색하고 있었다. 다급하게 현지 주민이 다가왔다.

"지인이 4층에 고립돼 있다고 휴대전화 문자 메시지가 왔어요!"

우린 신고자 뒤를 따라 신속하게 이동했다. 큰 건물을 돌아 뒤로 가니 건물에 가려져 보이지 않던 크고 작은 건물이 말 그대로 폭삭 무너져 있었다. 포탄에 맞아도 건물의 형태는 알아볼 수 있는데 이 건물은 그보다 더 심했다.

지진이 강타한 도시의 중심부로 들어갈수록 피해는 더 심각했다. 굴착기 등 많은 중장비와 구조 인력이 분주하게 구조 활동을 하고 있었다. 현지 주민들은 실종된 가족들을 찾기 위해 무너진 건물마다 모여 있었다.

지진 발생 이틀 뒤 튀르키예 정부는 안타키아에서 생존한 모든 시민에게 안전한 지역으로의 이동을 지시했다고 한다. 그런데 정작 떠난 사람은 없는 것 같았다. 무너진 집 안에 사랑하는 가족들이 갇혀있거나 실종된 상태라 쉬이 발걸음을 떼지 못하고 있었다.

어떻게 가족을 무너진 건물 잔해 속에 버려두고 떠날 수 있단 말인가. 시신이라도 수습해야 떠날 수 있는 게 가족의 마음일 것이다. 야간이 되면 무너진 건물 앞으로 삼삼오오 모닥불을 피우고 모여 앉아 구조 소식을 기다렸다. 그들의 눈빛과 표정에는 생기가 없었다. 이제 슬퍼할 기력도 없어 보였다.

슬픔에 빠진 유가족들은 기계적으로 우리에게 다가와 "저기 내 딸이 묻혀 있어요. 제발 꺼내주세요"라며 애원하기도 했다. 그러나 골든타임이 지난 시점에서 이런 요청을 모두 들어줄 순 없었다. 더 늦기 전에 한 명의 생존자라도 더 구조해야 하는데 구조견의 생체 반응이 없는 곳을 수색하는 건 무의미했다.

주민들의 간곡한 요청을 외면하고 지나가는 우리의 마음은 오죽했겠는가. 도와주지 못한 미안함으로 대원들의 마음도 무거웠다.

'신고가 들어온 곳에 가서 생존자가 없으면
다시 와서 따님을 찾아볼게요'

마음속 약속을 남기고 신고자의 뒤를 따라 계속 이동했다.

▪ 생존자 수색

　신고자를 따라 도착한 현장은 불과 며칠 전만 해도 건물이었던 흔적이 있었다. 하지만 지금은 건물이라고 보기 어려울 정도로 무너져 마치 콘크리트 잔해를 쌓아 놓은 산더미 같았다. 신고자는 여기저기 튀어나온 철근을 잡고 콘크리트 산더미의 꼭대기로 올라갔다. 우리도 뒤따라 올랐다.

　건물의 바닥인지, 천장인지 알 수 없는 콘크리트판 아래 생존자가 있다는 신고자의 손짓에 의아했다. 그래도 휴대전화 문자 메시지를 받았다고 하니 우린 수색 절차에 따라 수색을 시작했다. 생존자를 발견하면 좋겠지만 이 부분은 인간의 영역이 아니기에 그저 주어진 역할에 최선을 다했다.

　수색 중 붕괴된 콘크리트 보에 머리가 짓눌린 부부를 발견했다. 다른 곳처럼 지층과 1층 정도만 무너졌다면 생존 가능성이 있었겠지만 이곳처럼 건물 전체가 다 무너진 곳에서 생존할 확률은 낮았다.

내부 상황을 조금 더 자세히 들여다보니 부부가 침대에서 잠을 자고 있었는데 지진으로 건물이 무너지면서 한쪽으로 쏠려 미끄러졌고 내력벽 보가 덮치면서 깔린 듯했다. 한날한시에 참변을 당해 함께 사망한 부부를 보고 있자니 안타까움과 슬픔이 밀려왔다.

 슬픔을 뒤로하고 발견한 사망자를 최대한 수습하기로 했다. 5층 바닥 콘크리트가 무너지면서 4층 실내에 있는 가구와 구조물에 걸려 사이사이 공간이 생겼다. 그 사이 공간에 구조대원들은 쪼그려 앉아 구조작업을 펼쳤다.

 공간이 너무 좁아 진입 통로를 만들기가 쉽지 않았다. 5층 콘크리트 바닥은 추가로 더 무너져 내릴 것 같진 않았다. 사망자를 짓누른 콘크리트 보를 깨서 시신을 수습하기로 했다. 휴대용 발전기를 이용해 착암기와 해머 드릴을 작동했다. 좁은 공간에서 쪼그려 앉은 자세로 무거운 장비를 운용한다는 건 정말 힘든 일이다.

 국제구조대원이 되기 위해 받아야 하는 필수 교육이 도시탐색 교육(도탐교육)이다. 처음 교육을 받을 때 '인간이 이런 무거운 장비를 들고 단단한 콘크리트를 깰 수 있을까'라는 의구심이 들었던 기억이 있다.

 하지만 그 환경에 직면하게 되면 없던 힘도 생기는 게 소방관 DNA를 가진 국제구조대원이다. 정형화된 훈련장이 아닌 지진 피해 현장에서 착암기 등 무거운 파괴 장비를 자유롭게 사용한다는 건 구조대원들의 악과 깡, 심지어 영혼까지 갈아 넣어야 가능하다.

 착암기 날이 상하 운동을 하며 콘크리트와 부딪치는 충격파를 온전히 구조대원의 어깨와 허리 등 온몸으로 받아야 한다. 좁은 공간, 쪼그려 앉은 자세 무엇 하나 구조대원에게 유리한 게 없다. 대원들은 허리가 끊어질 것 같은 통증을 호소했다. 좁은 공간에서 착암기에 힘을 실으려면 온몸으로 눌러야 했다. 숨이 차고, 땀이 비 오듯 쏟아졌다. 콘크리트를 부수면서 발생하는 분진(먼지)을 마시며 작업하는 것도 곤욕이었다. 방진 마스크와 보호 안경이 지급되지만 현장에서 격렬하게 작업하다 보면 숨이 차서 마스크를 내리는 경우가 많았다.

또 파괴 작업 시 눈 보호를 위해 보호 안경을 써야 하는 데 마스크를 쓰면 보호 안경에 습기가 차서 잘 보이지 않았다. 그러다 보니 작업하는 중에 마스크를 온전히 쓰고 있는 시간은 별로 없다. 방진 마스크와 보호 안경 때문에 자신의 능력을 100% 발휘하지 못하면 나중에 후회가 남을 것 같았다. 그래서 대원들은 먼지 마시는 것을 감수하며 작업을 이어 나갔다.

사실 우리를 괴롭히는 건 따로 있었다. 바로 냄새였다. 사람은 사망한 순간부터 부패하기 시작한다. 외부 환경에 따라 부패 속도는 차이가 있겠지만 모든 사망자는 부패한다. 부패는 신체 내부에서 먼저 시작되기 때문에 시체의 몸 안에서 가스가 배출된다. 사망한 분들께는 죄송하지만 그 냄새를 참으면서 구조작업을 한다는 건 매우 괴로운 일이었다. 구조대원이라면 대부분 이런 냄새에 조금은 익숙해 있지만 그렇지 못한 대원들은 냄새에 대한 트라우마가 있다.

시체가 부패하면서 나오는 냄새에 대한 트라우마도 PTSD[11]의 한 예가 될 수 있다. 한 대원은 식사 때마다 과거 사망사고 현장에서 맡았던 시체 부패 냄새가 코로 느껴져 2개월간 헛구역질을 했다고 한다.

▪ 사망자 확인

---

11) Post Traumatic Stress Disorder 외상 후 스트레스 장애

약 2시간의 콘크리트 파괴 작업을 통해 사망자에게 다가갈 수 있는 통로가 열렸다. 최초 확인된 머리를 누른 콘크리트만 조심스럽게 깨면 사망자들을 빼낼 수 있을 것 같았다. 그런데 현장을 지켜보던 안전담당자가 구조작업을 중지시켰다. 그 부분을 파괴하면 5층 콘크리트 바닥이 완전히 내려앉을 것 같다는 이유에서다.

전체적으로 보면 사망자를 짓누른 콘크리트 보가 5층 콘크리트 바닥을 지탱하고 있었다. 지탱하는 힘을 해제하면 바로 붕괴된다. 그럼 구조대원들의 안전도 보장이 안 된다.

우린 자체 토의 끝에 재난·비상관리 당국에 크레인을 요청해 상부 콘크리트를 잡고 작업을 계속하자고 결론 내렸다. 하지만 크레인이 언제 올지 아무도 모르는 상황이었다. 잠깐 쉬고 있는데 현지 주민이 찾아왔다. 통역사가 현지 주민과 이야기를 나눴다.

"생존자가 있다고 하는데요. 정황도 어느 정도 명확하다네요"

지체할 시간이 없었다. 함께 작업한 현지 구조 인력에게 상판이 무너지지 않도록 크레인으로 잡고 콘크리트 보를 해체하면 사망자를 수습할 수 있다는 이야기를 남기고 새로운 신고자를 따라 빠르게 이동했다.

사망한 부부를 구조하지 못하고 떠나는 발걸음이 무거웠지만 생존자가 있다는 신고를 외면할 순 없었다. 두 번째 신고자를 따라간 곳을 수색했지만 생존자는 발견되지 않았다. 숙영지로 돌아오는 길에 최초 현장을 가보니 사망한 부부는 수습된 상황이었다. 끝까지 구조해 주지 못한 무거운 마음이 조금은 가벼워진 듯했다.

사망자 2명 수습

- 사망자 발견 위치(경도, 위도): 36.2053100, 36.1559500

　어제 수색을 종료한 지역으로 이동해 계속 무너진 건물을 수색하기로 했다. 수색지역까지는 숙영지에서 그리 멀지 않았다. 이동하는 도로에는 어제보다 차량이 많았다. 주요 도로의 삼거리나 사거리에는 차량이 뒤엉켜 있었다. 경적을 울리며 성난 황소처럼 차를 몰아대는 현지 주민도 보였다.

　굴착기 등 중장비가 이동하는 모습이 심심찮게 눈에 띄었다. 도로가 파괴되고 건물이 무너져 차량 이동이 제한되는 곳에는 바리케이드가 설치됐다. 한번 잘못 들어간 도로를 다시 후진해서 나오기란 쉽지 않았다.

세계 각국의 방송 취재진과 구조 인력, 장비들이 어제보다 많아진 게 느껴졌다. 골든타임은 지났지만 한 명의 생존자라도 더 구조하기 위해 모든 역량이 집중된 상황임을 직감할 수 있었다.

현장에 도착한 우리는 어제에 이어 무너진 건물을 차례대로 수색했다. 수색의 선봉에는 구조견 토백이가 앞장섰다.

▪ 구조견 수색

구조견은 사람보다 만 배 높은 후각을 지니고 있다고 한다. 시각으로 사람을 발견하거나 후각으로 냄새를 맡으면 짖도록 훈련을 받는다.

구조견은 무너진 건물에서 들어갈 수 있는 틈만 있으면 낮은 자세로 기어들어 가 수색했다. 무너진 건물의 잔해 더미가 높은 곳 또는 경사진 곳은 핸들러가 구조견을 안거나 둘러메고 올라가 수색을 시키기도 했다. 수색은 계속됐지만 생존자를 발견하는 성과는 없었다.

건물 잔해를 뒤집으며 수색하던 중 피 묻은 이불에서 피비린내가 진동했다. 이불을 걷어내고 아랫부분을 확인해 보면 사망자가 있을 것 같았다. 재난 현장에서 불길한 느낌은 언제나 틀리지 않는다.

사망자를 수습해서 편안하게 해주고 싶었지만 우리가 가진 장비로는 구조가 불가능했다. 엄청난 무게의 콘크리트가 짓누르고 있는 현실 앞에서 인간은 나약한 존재임을 다시 한번 느끼는 순간이었다.

저 멀리 건물 잔해 속에서 사망자를 수습해 사체낭을 들고 오는 현지 구조 인력이 도움을 요청해 사망자 2구를 구급차까지 옮겨 줬다. 그리고 우리가 발견한 사망자의 위치를 현지 구조 인력에게 알렸다.

▪ 수십 명의 사망자를 수습하는 모습

　제대로 걸을 수조차 없는 잔해 속에서 무거운 사체낭을 들고나오기란 쉽지 않았다. 사망자를 인계하는 도로에는 많은 현지 구조 인력이 있었다. 그곳에서 너무나 참혹한 현실과 마주하게 됐다.

현지 구조 인력과 주민들이 무너진 건물에 통로를 개척해 수십 구의 사체를 끌어내고 있었다.

'나에게 무너진 건물의 잔해를 통째로 들어 올릴 힘이 있다면 얼마나 좋을까?'

수많은 사망자를 보면서 시간은 우리 편이 아니라는 생각이 들었다. 더 빨리, 더 여러 곳의 무너진 건물을 수색하고 생존자를 구조해야겠다는 생각뿐이었다. 온종일 수색하느라 식사도 제대로 하지 못하면서 육체적 피로가 점점 쌓여가고 있었다.

그때 현지 주민이 다급하게 달려와 "생존자의 목소리를 들었다"며 구조를 요청했다. 무거운 장비를 들고 있는 힘을 다해 뛰어가듯 신고자의 뒤를 따라 이동했다. 현장에 도착해 상황 판단 회의를 하고 현지인의 이야기를 충분히 들은 후 수색 구역을 설정했다.

무너진 1층 틈을 확보하기 위해 착암기로 콘크리트 벽을 깨고 손으로 잔해물을 치웠다. 기둥이 넘어지지 않도록 리프트 잭으로 고정했다. 대원들은 교대로 벽을 깼다. 한참의 시간이 흐른 후에야 내부로 들어갈 수 있는 통로가 개척됐다.

입구가 좁아 진입 대원이 기어서 내부로 들어갔다. 내부 공간 역시 협소해 휴대용 톱으로 잔해물을 자르면서 공간을 확보해 나갔다. 차후 생존자나 사망자를 발견하면 들것이 들어올 것도 고려해야 했다. 좁은 통로를 개척하고 건물의 중심부까지 도착했지만 생존자 반응이 없었다.

중심부에서 탐색 장비인 서치 탭을 이용해 생존자를 탐지해 보기도 했으나 발견되지 않았다. 현지 신고자의 제보는 시시각각 변했다. 1층에서 소리를 들었다고 했는데 생존자가 없다고 하니 2층에서 들었다고 했다.

우린 생존자를 발견할 수만 있다면 가진 모든 에너지를 쏟아부을 준비가 돼 있었다. 하지만 그 어디에도 생존자 신호는 발견되지 않았다. 결국 이곳에서 수색 활동을 중단하고 다음 신고가 들어온 지역으로 이동했다.

▪ 수색구역 설정, 현장 안정화

▪ 현장 수색

우리가 수색하는 곳마다 생존자를 구조할 수 있다면 얼마나 좋을까. 하지만 이 넓은 도시 속 수많은 붕괴 건물 중 어디에 생존자가 있을지 알 수 없었다. 종일 무너진 건물을 수색하며 수십 ㎞를 걸어 다녔다. 식사는커녕 물도 부족할 때가 많았다. 노력만큼의 성과가 나오지 않자 대원들은 지쳐 갔고 부족한 능력을 원망하기 시작했다.

교대 차량을 기다리는 동안 다친 몸을 이끌고 군 의료팀을 찾아온 현지 주민에게 간단한 치료를 해주는 것으로 위안을 삼아야 했다. 구조견 토백이와 토리도 온종일 무너진 건물과 잔해 속에서 생존자를 찾기 위해 사방팔방으로 뛰어다니고 기어 다녀서 힘들었는지 꾸벅꾸벅 조는 모습이 안쓰러웠다.

■ 수색, 환자 처치, 구조견의 휴식

> 대한민국 해외긴급구호대는 튀르키예 지진 피해 대응 3일 차에 사망자 4명을 수습했다. 10개 현장에서 구조대원 80명이 생존자 유력 건물 등을 중심으로 12시간 이상 고강도 탐색과 구조 활동을 전개했다. 골든타임이 지난 상황에서 생존자 구조와 사망자 수습을 동시에 진행했다.

상황일지 2월 11일

생존자 3명 구조　**사망자** 5명 수습

사망자 2명 수습

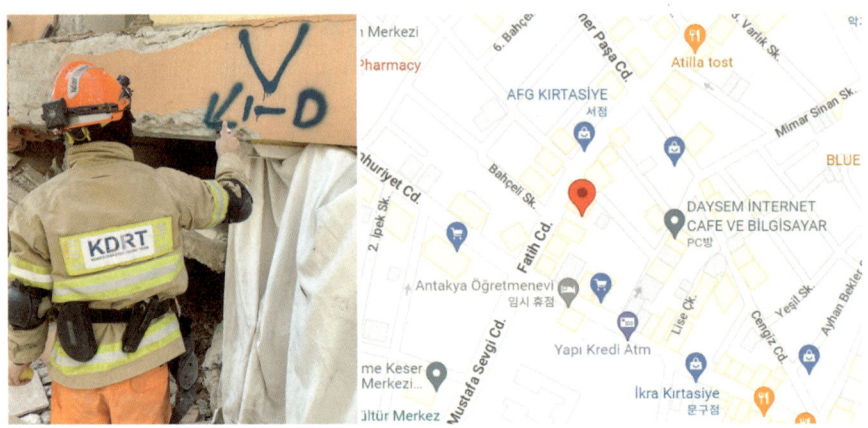

- **위치(경도, 위도):** 36.2054750, 36.1565477

튀르키예 지진 피해 대응 4일 차 아침이 밝았다. 연일 계속되는 강도 높은 수색과 구조 활동으로 대원들의 얼굴에도 피로감이 누적돼 갔다. 숙영지에서만이라도 따뜻하고 편안하게 쉴 수 있어야 하는데 그런 휴식은 꿈에서나 가능한 일이었다. 흙먼지를 뒤집어쓰고 샤워 한 번 못 한 채 추위에 떨며 잠을 청해야 했다. 지난밤에는 일부 주민에 의해 발생한 소요 사태를 진압하는 과정에서 총성이 들리기도 했다.

> '아마도 어제 오후 이재민 주택을 약탈하던
> 시리아 난민들이 검거된 사건과 관련된 게 아닐까?'

오늘은 어제 사망자를 발견하고 수습하지 못한 지점으로 이동해 계속 작업할 계획을 세웠다. 현장 지휘소에 출동 신고를 한 후 차량 두 대로 나눠 탑승해 사망자 발견 지점으로 이동했다. 어제 숙영지로 복귀한 길과 출동한 길은 사뭇 느낌이 달랐다. 우린 이름 모를 사거리에 내렸다.

- 달라지는 현장 상황

　과거 교통량이 많았을 사거리엔 뒤엉켜 부서진 차량과 무너진 건물뿐이었다. 어제의 기억을 더듬으며 현장을 찾아 이동했다. 외형으로는 몇 층 건물인지 알 수 없었지만 바닥 콘크리트 개수를 확인하니 5층 정도가 되는 듯했다. 수색 중 무너진 틈 사이로 사망자 신체 일부가 보였다. 무너진 건물 구조상 구조 활동에 상당한 시간이 걸릴 것 같았다.

　지금 우리가 가진 장비로는 구조작업에 한계가 있다는 걸 깨닫는 데는 그리 오랜 시간이 걸리지 않았다. 그래서 현지 구조 인력에게 사망자의 위치 정보를 인계하고 옆 건물로 향했다. 지금까지 수색했던 건물 중 가장 높았다.

　우린 기울어진 건물 외벽을 기어 올라 3층으로 진입했다. 역시나 생존자가 아닌 사망자가 확인됐다. 사망자의 위치를 파악해 보니 3층과 2층 사이 계단이었다. 계단으로 대피하다가 건물이 무너지면서 매몰된 것으로 보였다.

■ 기울어진 건물 수색

현장 회의를 통해 3층 계단에서 수직 천공을 하기로 했다. 3시간이 넘도록 착암기와 해머, 배터리 절단기로 콘크리트를 깨고 부순 후 철근이 나오면 절단하는 작업을 반복했다.

 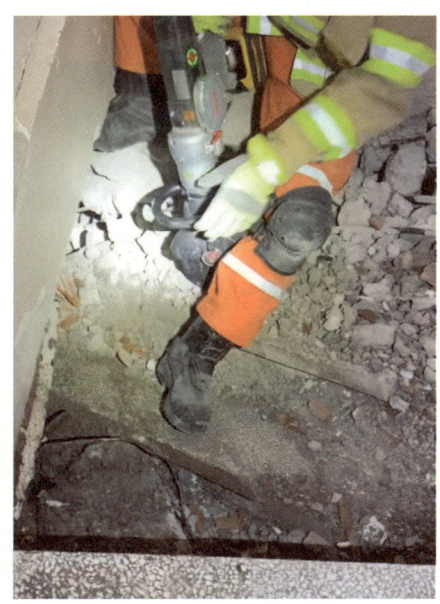

• 계단 천공

하지만 천공 작업 시간에 비해 효율이 높지 않았다. 구조반장이 작업을 중지시키고 대원들이 휴식하는 동안 다시 건물 평가를 했다. 계단참은 두께 50㎝가 넘는 콘크리트 구조였는데 현재 장비로 천공하기엔 시간과 노력이 많이 들 수밖에 없다는 생각이 들었다.

더 약한 곳을 찾아 구조작업 시간을 단축해야 했다. 무너진 2층에서 틈이 발견돼 그곳을 통해 새로운 통로를 개척하기로 했다. 일부 콘크리트 더미를 치우자 작은 공간이 생겼다. 덩치가 작은 대원이 기어서 안쪽으로 진입했다.

사망자는 계단 철제 손잡이와 상부 계단참 콘크리트 사이에 끼여 공중에 약간 떠 있는 상태였다.

▪ 계단 철재 제거

사망자에게 다가가려면 앞을 막고 있는 콘크리트와 철근을 절단해야 했다. 그러나 진입로가 좁은 탓에 장비를 넣어 구조작업을 하기엔 어려움이 따랐다.

상황판단 회의 후 시간이 걸리더라도 기존 수직 천공을 계속하기로 했다. 그게 사망자를 수습하는 데 효율적일 거라는 판단에서다. 시간이 지날수록 대원들은 지쳐갔다. 조금만 더 깨면 사망자를 수습할 수 있었다. 하지만 우린 사망자를 끝까지 수습하지 못하고 현지 구조대원에게 현장을 인계해야 했다.

"생존자가 있다는 신고가 들어와서 이동해야 해요.
우리가 철수하더라도 튀르키예에 구조인력이
사망한 부친을 수습할 수 있을 거예요"

옆에서 구조작업을 지켜보던 사망자의 아들에게 말했다. 그는 연신 고맙다는 말과 함께 고개를 숙여 감사를 표했다. 힘든 작업이었지만 보람된 일을 했다고 생각하며 가벼운 마음으로 생존자 구조 신고가 들어온 곳으로 향했다.

사망자 1명 수습

- 위치(경도, 위도): 36.1984088, 36.1513680

> "아들과 딸이 3층에서 계단으로 대피하다가 딸이 뭘 가지러 간다고
> 다시 뛰어 올라갔는데 그사이 지진으로 건물이 무너졌어요"

신고자는 중년의 어머니였다. 어머니가 보고 있는 앞에서 자녀 모두가 참변을 당했다. 어머니의 눈가에는 눈물이 고여있었다. 우린 최선을 다해 계단실을 수색했지만 생존자나 사망자를 발견하지 못했다.

건물이 심하게 무너져 건물의 중심부 수색은 불가능했다. 정말 건물 내부로 들어갔다면 중장비로 건물을 철거할 때 발견되지 않을까 싶었다. 안타까운 마음을 뒤로하고 복귀 차량이 있는 곳으로 걸음을 옮겼다.

그때 현지인이 다가와 우리를 불러 세웠다. 조금 전 수색하던 옆 건물 2층에서 사망자를 봤다는 것이다. 구조반장은 현장 확인을 지시했다. 1층이 무너진 상태라 정상적으로 진입할 수 없었다. 결국 특전사 대원들과 함께 도로에 주차된 자동차를 밟고 2층 발코니로 진입했다.

다행히도 2층은 많이 무너지지 않았다. 사망자는 1층으로 내려가는 계단실에서 발견됐다. 2층 바닥 콘크리트에 깔린 상황이었다. 신발도 신지 못하고 급하게 도망쳤지만 건물 외부로 나가지 못했다. 콘크리트 더미 사이로 보이는 그의 맨발이 처량해 보였다.

• 무너진 건물 2층 수색

손으로 콘크리트 더미를 조금씩 옮겼다. 다행히 안쪽에 공간이 꽤 있는 듯했다. 무거운 콘크리트에 깔린 것 같지 않았다. 이 정도면 1시간 안에 충분히 구조작업을 완료할 수 있을 것으로 판단했다.

다시 발코니로 나가 구조반장에게 1시간이면 사망자 수습이 가능할 것 같다고 보고했다.

"몇 명이면 작업 가능할까요?"

계단실이 좁아 많은 인원은 필요 없었다.

"네 명이면 충분할 것 같습니다"

구조대원 네 명과 특전사 대원 두 명이 배정됐다. 나머지 대원들은 다시 주변 무너진 건물을 수색하기 시작했다. 이곳에 남은 구조대원은 중앙119구조본부에서 도시탐색구조 전문가인 형님들이었다. 특전사 대원들은 구조 관련 교육이나 경험이 없었지만 재해재난 부대 소속으로 임무를 수행하고 있어 이해도가 높았다. 게다가 엄청난 체력을 소유하고 있어 든든했다.

▪ 계단실 수색

한 줄기 빛도 없는 암흑 같은 계단실에서 개인 랜턴으로 현장을 비춰가며 작업을 시작했다. 휴대용 발전기를 돌려 착암기로 사망자를 짓누른 콘크리트 잔해물들을 깨고 제거했다. 착암기 같은 반동이 있는 장비를 사용하는 건 체력 소모가 크다.

대원들과 교대로 콘크리트 잔해물을 제거해 나갔다. 구조대원이 착암기로 콘크리트를 깨면 특전사 대원들이 양옆에서 부서진 잔해물을 치웠다. 콘크리트를 깨니 생각했던 것보다 많은 철근이 나왔다. 유압 콤비 절단기로 철근을 잘라내며 계속 작업을 이어갔다.

형님들은 이 분야 전문가답게 장비를 활용하는 방법부터 달랐다. 장비는 힘만 있다고 잘 운용하는 게 아니다. 연륜이 필요하다. 콘크리트 사이 철근은 자르기가 어려웠다. 그때마다 지렛대를 철근 사이에 넣어서 들어 올려주면 편하게 자를 수 있었다.

선배들이 소방서에서 지렛대를 잘 써야 선임자라고 했던 말들이 떠올랐다. 내가 가끔 지렛대를 들고 헤맬 때마다 선배들은 "저기로 넣어서 이 방향으로 당겨", "이 돌멩이 끼워서 젖혀봐" 같은 조언을 해줬다.

신기하게도 그렇게 하면 기가 막히게 철근이 젖혀졌다. 그깟 지렛대를 쓰는 게 뭐가 대수냐 싶을 수도 있겠지만 그렇지 않다. 지렛대를 사용하는 동작 하나하나에는 많은 센스가 요구된다.

약 2시간 만에 사망자를 구조했고 구조반장에게 사망자 수습 사실을 알렸다. 사망자 얼굴에 출혈이 조금 있었지만 염려했던 만큼 시신이 훼손되지 않아 유가족에게 보여줘도 되겠다는 생각이 들었다.

**"만약에 지금 우리가 구조한 사망자와 옆 건물에서
찾지 못한 자매가 지진 당시 집에서 나오지 않고
식탁이나 책상 아래로 대피했다면 살 수 있지 않았을까?"**

숙영지에서 다른 구조반 대원들과 얘기를 나누다 보니 여기 말고도 이런 현장이 많았다는 사실을 알게 됐다. 그런 안타까운 광경을 볼 때마다 우리 구조대원의 마음은 점점 무거워져 갔다.

아마도 인간은 본능적으로 위험을 감지하면 숨고 도망가게 프로그래밍 돼 있지 않을까. 정작 집은 멀쩡한데 지진의 흔들림에 본능적으로 뛰쳐나가다가 계단실이 무너지면서 사망한 사람들…….

대형 재난 상황에서 삶과 죽음은 종이 한 장 차이라는 사실을 알았다. 운명의 장난이란 게 있다면 이런 게 아닐까.

사망자를 사체낭에 모시고 안전한 외부로 운반했다. 인근에 있던 사람들에게 구조 소식이 알려지자 한 젊은 남성이 나타났다. 사망자가 그의 아버지라고 했다. 남성은 조금 떨리는 표정으로 사체낭을 열어 사망자의 얼굴을 확인했다. 그리고 몇 발자국 뒤로 물러나더니 쪼그려 앉아 흐느끼기 시작했다.
아들의 한쪽 손에는 커다란 토끼 인형이 안겨 있었다.

'인형의 주인은 누구일까? 이 남성은 아버지 말고
또 다른 실종자의 가족일까? 실종된 딸의 것일까?'

물어보진 못했지만 인형을 들고 다니는 사연이 궁금했다. 실종된 자녀의 것일 수도 있겠단 생각에 코끝이 찡해졌다. 서글프게 우는 그를 보며 삶이 야속하게 느껴졌다. 계속 보고 있자니 나도 모르게 눈물이 나올 것 같아 고개를 들어 하늘만 바라봤다.

▪ 사망자에 대한 예의(튀르키예 사람들도 따라했다.)

우리는 사망자에게 예우를 갖춘 후 유가족에게 인계했다. 복귀하기 위해 큰 도로로 나와 차를 기다렸다. 그때 무너진 담벼락 옆 땅바닥에 떨어져 있는 수십 장의 사진이 눈에 띄었다. 누군가가 밟고 지나간 사진들은 바람에 날려 제멋대로 뒹굴고 있었다.

한 가족의 행복한 추억을 엿볼 수 있던 그 사진 속에는 남녀가 결혼해 가정을 이루고 자녀들이 아기 때부터 커가는 과정이 담겨있었다. 그 추억이 더는 사람들에게 밟히지 않도록 잘 모아 한쪽 구석에 가지런히 정리해 뒀다.

'어딘가에서 안전하길...'

■ 무너진 건물 속 사진 | 출처 연합뉴스

할머니를 사랑한 할아버지
생존자 1명 구조, 사망자 1명 수습

- 위치(경도, 위도): 36.205654, 36.157527 | 생존자: ümit ○○(여, 65)

반쯤 무너진 건물을 수색하고 다른 곳으로 이동할 준비를 하고 있을 때 튀르키예 치안사령부 소속 군인들이 급하게 뛰어왔다. 그들은 현지 통역사와 튀르키예어로 심각하게 이야기를 나눴다. 큰일이 난 것 같은 분위기라 긴장하며 그들의 표정을 살폈다.

"저기 위쪽 건물에서 사람 소리가 들린다는데요"

대화를 마친 통역사가 도로의 오른쪽을 가리키며 입을 열었다. 우린 서둘러 장비를 챙겼다. 군인의 안내를 받으며 사람 소리가 들린다는 붕괴된 건물로 이동했다.

건물은 왕복 2차선 도로가 교차하는 사거리에 있는 4층짜리 건물이었다. 팬케이크형으로 완전히 무너져 정확히 4층이라고 단정하긴 힘들었다. 소리가 들린다는 맨 꼭대기 층으로 기어서 올라갔다.

상황 판단을 위해 회의를 한 후 생존자 신호를 찾는 데 주력했다. 하지만 생존자 신호는 발견할 수 없었다. 어쩔 수 없이 아쉬움을 뒤로하고 건물 잔해 더미에서 내려왔다. 그때 또 다른 군인이 뛰어왔다.

"반대편 무너진 건물에서 생존자 소리가 들려요!"

오인 신고가 난무했지만 한 명의 생존자라도 더 구해낼 수 있다면 백번이고 수색할 각오가 돼 있었다. 조금 전 수색을 마치고 내려온 건물과 붕괴한 형태, 층수가 비슷했다. 군인의 손짓을 따라 건물 꼭대기로 올라갔다. Top-Down 방식으로 수색하던 중 3층쯤에서 미약하게 사람 소리가 들려왔다. 생존자의 정확한 위치를 찾기 위해선 구조견이 제 역할을 해줘야 했다. 구조견을 투입하고 얼마 지나지 않았을 때 멀지 않은 곳에서 구조견이 반응하기 시작했다.

그 지점으로 가니 4층 콘크리트 바닥이 깨져 엉켜있었다. 콘크리트 사이로 생존자의 목소리가 들렸다. 가지고 간 장비로 콘크리트를 깨고 철근을 절단했다. 이 소식이 전해지자 곧바로 튀르키예 구조대가 현장에 도착했다. 그들과 합동으로 깨진 콘크리트 잔해물을 치웠다. 말은 통하지 않았지만 생존자를 구해야겠다는 마음만은 같았다. 콘크리트뿐 아니라 나무 가구, 전자제품 등 잔해가 많았다. 그걸 어느 정도 걷어낸 후에야 생존자의 정확한 위치를 알 수 있었다. 통역사는 콘크리트 틈 사이로 생존자와 대화를 나누며 심리적 안정을 도왔다.

4층 바닥(3층 천장) 콘크리트를 안전하게 제거하고 나니 할머니와 할아버지의 모습이 보였다. 할머니의 머리는 밖으로 나와 있었지만 할아버지의 머리는 콘크리트 잔해물 속에 있었다.

불길한 예감은 절대 빗나가지 않는다. 예상했던 대로 할아버지는 의식이 없었다. 할머니를 바로 꺼내고 싶었지만 양국 의료진이 만류했다. 압좌증후군(크러시 증후군)이 의심돼서였다. 어쩔 수 없이 1차 응급처치 후 생존자 상태를 파악하고 계속 구조작업을 이어갔다.

매몰된 할머니의 신체가 가슴까지 나올 수 있도록 콘크리트와 생활 잔해물을 계속 제거한 끝에 안전하게 구조할 수 있었다.

▪ 생존자 할머니 의료진 확인

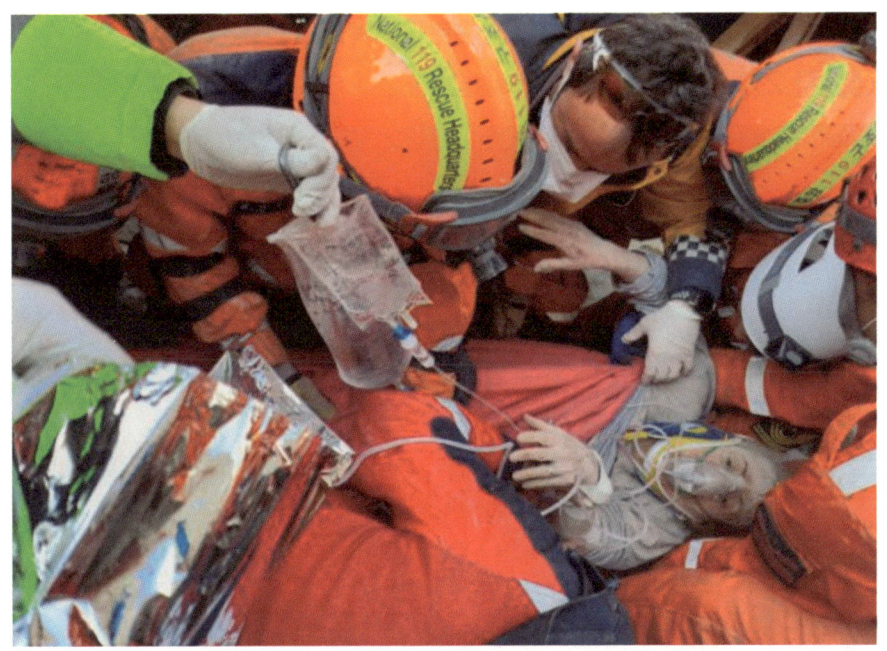

▪ 생존자 할머니 수액 처치

　상황을 보니 할아버지가 할머니를 보호한 것 같았다. 할아버지가 없었으면 할머니도 생존하지 못할 상황이었다. 얼마나 사랑했으면 그 상황에서 몸을 날려 할머니를 감싸고 보호했을까. 골든타임이 훨씬 지났는데도 건강하게 버텨주신 할머니에게 감사했다. 반면 시간 내 구조하지 못한 할아버지에겐 죄송한 마음에 코끝이 찡해졌다.

튀르키예 구조대와 One Team으로 모자(母子) 구조
생존자 2명 구조, 사망자 1명 수습

- **위치(경도, 위도):** 36.1975885, 36.1656196 | **생존자:** be○○(남, 17), Em○○(여, 51)

    이른 아침 파란 헬멧을 쓰고 구레나룻과 턱수염이 잘 다듬어진 젊은 현지 남성이 숙영지를 찾았다. APAD라고 적힌 조끼를 입고 있었다. 당연히 이곳에 함께 상주하는 현지 구조인력이라 생각했다.

"May I help you?"

현장 지휘부 앞에서 머뭇거리고 있는 그에게 짧은 영어로 물었다.

"전 재난·비상관리 당국 소속 공무원입니다.
이스탄불에서 왔어요.
앞으로 안타키아에서 일어나는 구조 상황에 대해 공유하겠습니다"

간단히 자기소개를 마친 그의 말에 모두 어리둥절했다. 얼마 지나지 않아 튀르키예 한국대사관에서 튀르키예 정부에 중앙부처 공무원 파견을 요청했다는 사실을 알게 됐다. 나는 그를 따뜻하게 반기면서 현장 지휘소 내에 자리를 마련해 줬다. 운영반에서는 파견된 재난·비상관리 당국 공무원에게 안타키아에서 접수된 신고 중 생존자 발견이나 중요 사항이 있으면 공유해 달라고 요청했다. 이틀간 통역을 해준 자원봉사자 다음으로 우리에게 고맙고 중요한 사람이었다.

튀르키예 파견 공무원을 통해 오후 3시 30분 수색 요청이 접수됐다. 대기하던 구조반 인원들은 신속히 착암기와 내시경 카메라, 철근절단기, 서치탭, 야전용 삽 등 구조 작업에 필요한 장비를 챙겨 차량에 탑승했다. 차로 10분 정도 이동해 목적지 주변에 도착했다. 이제는 익숙할 것 같은 현장이지만 도착하니 긴장되긴 매한가지다. 이곳도 아수라장이었다. 4층 건물이 완전히 붕괴해 형체를 알아볼 수 없었다. 먼저 도착한 튀르키예 구조대가 수색작업 중이었다.

우리는 매뉴얼에 따라 상황 판단 회의 후 생존자가 있을 만한 곳을 수색하기 시작했다. 착암기로 구멍을 뚫어 서치탭을 넣었다. 서치탭 운용자는 생존자의 작은 숨소리까지 찾아내기 위해 여러 방면으로 서치탭을 넣었다 뺐다를 반복했다. 어느 순간 헤드폰에 사람의 목소리가 또렷하게 전해졌다. 우린 튀르키예 구조대에 생존자 발견 사실을 통보했다. 곧장 튀르키예 구조대장이 생존자 발견 지점으로 왔다. 생존자와 의사소통하면서 심리적 안정을 유도했다. 숨죽이면서 초조해했던 시간, 허리와 무릎의 고통을 참아가며 쪼그리고 앉아 기다린 모든 시간이 환희로 바뀌었다.

● 수색・천공

우린 튀르키예 구조대(인사락 헤비 팀)와 생존자 구조를 두고 간단한 회의를 했다. 붕괴한 건물의 내부 상황이 불확실해 세 개의 방향에서 통로를 개척하기로 했다.

1조는 측면에서 착암기로 벽인지, 바닥인지 모를 콘크리트를 깨고 철근을 잘라가며 통로를 만들었다. 2조는 상부에 수직으로 통로를 개척하고 있었으나 더는 개척이 어렵다는 무전이 들려왔다. 다행히도 아래쪽에서 튀르키예 구조대와 함께 통로를 개척하던 3조로부터 생존자를 발견했다는 무전이 들려왔다.

▪ 수색 구조 현장

개척한 통로를 통해 들어간 내부는 너무 처참했다. 생존자와 사망자가 뒤섞여 있는 상황이었다. 골든타임 72시간이 한참 지난 시점에서 생존자의 건강이 걱정됐다. 우리는 생존자 최우선 구조 원칙을 생각했다.

생존자를 구조하기 위해선 통로를 막고 있는 시신 1구를 먼저 꺼내야 했다. 시신을 수습한 후 통로를 따라 들것이 들어왔다. 어두운 곳에서 손전등 불빛으로 마주한 생존자는 너무 어렸다. 그를 들것에 고정하고 통로를 따라 외부로 나왔다. 의료팀은 정맥주사와 보온 등의 응급조치를 한 후 현지 의료팀에게 인계했다. 지난번 생존자 구조 때와 마찬가지로 환호와 박수가 이어졌다. 환호와 박수는 마약과도 같았다. 힘든 시간의 고통을 잊게 해주고 아드레날린을 분비해 힘을 내게 해줬다. 그래서인지 힘든 구조 활동에 대한 보상처럼 느껴졌다.

우리는 계속해서 생존자 수색을 이어갔다. 조금 뒤 또 한 명의 생존자를 발견했다는 무전이 들려왔다.

▪ 생존자 구조를 위한 통로 개척

해가 저물며 어둑해지기 시작했다. 시간이 지날수록 구조의 열기가 높아졌다. 주로 작업하던 통로 옆쪽으로 새로운 통로를 만들어 생존자를 구조해보려고 했지만 여의치 않았다.

튀르키예 구조대와 대한민국 구조대는 오직 하나의 목표 아래 여러 방면으로 생존자를 구조하기 위해 노력했다. 어느새 두 나라 구조대는 One Team이 됐다. 한 시간쯤 지났을까. 중년의 여성 생존자와 마주할 수 있었다.

▪ 생존자 구조 현장

생존자가 들것에 실려 나오자 미리 대기하던 우리 측 의료진은 서둘러 응급처치를 했다. 현지 의료진에게 인계하기 위해 들것이 이동하는 모습은 감동 그 자체였다. 들것의 한쪽은 대한민국 구조대, 다른 쪽은 튀르키예 구조대가 들었다. 누가 먼저 구조했다는 공을 다툴 의미가 없었다. 공동으로 생존자를 구조했다는 의미다. 다음날 대한민국 해외긴급구호대와 튀르키예 구조대가 함께 생존자를 구조한 이 장면은 튀르키예 국영방송을 통해 보도됐다.

마지막 생존자는 골든타임 72시간을 훌쩍 넘긴 기적의 생존자들이었다. 지진 발생 5일 16시간, 약 136시간 만에 구조됐다. 구조된 생존자는 어머니와 아들이었다. 삶과 죽음 앞에서 서로를 응원하며 구조의 손길을 기다리지 않았을까. 끝까지 희망을 놓지 않고 견뎌준 두 분께 감사의 마음을 전했다.

> 대한민국 해외긴급구호대는 튀르키예 지진 피해 대응 4일 차 총 9회 출동으로 생존자 3명 구조, 사망자 4명을 수습했다. 골든타임 경과, 안전 위협 등으로 철수를 문의하는 타국 구조대가 늘어났다. 지난밤 총성과 주민 간의 갈등으로 인해 무장한 치안군 4명을 지원받아 숙영지 경계를 강화했다.

상황일지 2월 13일

사망자 1명 수습

19번째... 마지막 사망자를 수습하다

- 위치(경도, 위도): 36.2051444, 36.1566399

    튀르키예 지진 피해 대응 5일 차인 어제는 재난·비상관리 당국 연락관을 통해 생존자 정보를 접수하고 신빙성을 판단해 9번 출동했다. 하지만 장시간에 걸친 수색에도 생존자나 사망자를 발견하지 못했다. 치안 불안과 H+150시간이 지나면서 생존자 구조가 어렵다는 판단하에 16개국 구조팀이 임무 종료를 선언하고 철수하기 시작했다.

    대한민국 해외긴급구호대도 내일 튀르키예 지진 피해 대응 활동을 종료할 예정이었다. 대다수의 외국 구조대는 골든타임이 지나면 생존자 구조가 사실상 어렵다는 걸 경험으로 알고 있었다. 며칠 전부터 UCC에서는 출국하는 국가를 기록했다. 회의에 참석할 때면 그 현황을 볼 수 있었다.

이제부터 생존자를 구조하는 건 하늘의 뜻이다. 우린 그간 바쁘게 수색·구조 활동 중 미처 인사락 마킹 시스템을 하지 못한 곳을 돌며 작업을 했다. 해외 모든 구조대가 떠난 후 건물을 철거하는 사람들은 마킹이 어떤 의미인지 알 수 없을 테다. 그래도 대한민국 해외긴급구호대가 안타키아에서 활동하면서 많은 사람을 구조했다는 사실을 남기고 싶었다.

'UCC에서 배정된 I-1섹터에서 KOR-01팀이 ASR 2, 3단계를 했으니 뒤에 오는 구조대들은 참고하세요'

파란 글씨의 의미다.

구조대장에게 승인을 받은 후 소수 인원이 마킹 작업에 참여했다. 각 구조반은 숙영지에서 대기했다. 튀르키예 재난·비상관리 당국 소속의 연락관을 통해 생존자 신고가 접수되면 즉시 현장으로 출동할 태세를 갖췄다.

마킹 작업을 하기 위해선 스프레이가 많이 필요했다. 스프레이를 챙겨 출동 차량으로 이동 중에 "나도 함께 마킹 하러 가자"는 소리가 들렸다. 도시탐색구조 전문 교관인 이홍길 주임이었다. 그가 동행한다고 하니 왠지 모르게 마음이 든든해지는 이기평 반장이었다.

그들은 특전사 대원 2명과 젬례(여)라는 현지 통역사를 지원받아 함께 길을 나섰다. 어제와 또 다른 현장 분위기에 가슴이 내려앉았다. 하루에도 몇 번씩 왔다 갔다 했던 길인데도 길을 찾을 때 참고점이 돼준 건물들이 모두 없어져 버려 낯설게만 느껴졌다.

Survey123 애플리케이션의 '워크사이트 리포트(Worksite Report)' 기록을 살펴보며 지도와 GPS를 따라 우리가 수색했던 사이트를 찾았다. 누락된 부분은 없었는지, 무심결에 지나친 건 없는지 확인했다. 그러던 와중 현지 여성이 울먹이며 그들에게 도움을 요청했다.

"저 건물에 살아 있는 가족이 있어요"

반신반의하며 요청한 건물 쪽으로 이동했다.

6~7층 정도 되는 아파트 형태의 주거용 건물이었다. 그 아래에서 그들이 발견한 건 생존자가 아닌 사망자였다. 시체는 부패가 어느 정도 진행된 상태였다.

▪ 사망자 수색

"이미 사망한 지 꽤 시간이 지났네.
마킹 작업하면서 생존자를 발견할 수도 있으니
다른 곳으로 이동하는 게 좋을 것 같아"

사실 수색·구조 활동을 하러 온 게 아니다 보니 희생자를 수습할 인원도, 장비도 없었다. 게다가 침실로 추정되는 곳의 천장이 무너져 내리면서 희생자가 콘크리트 더미에 묻혀있는 상황이라 시간과 장비가 투입돼야 했다.

옆 벽면에 마킹 작업을 마치고 무거운 마음으로 현장을 떠나려는 순간, 현지 구조 자원봉사자들이 장비를 가져다줬다. 철근을 자를 수 있는 절단기와 무거운 콘크리트를 들어 올릴 수 있는 지렛대, 그리고 구조 작업을 도와줄 인력까지 왔다.

이홍길 주임과 이기평 반장의 눈이 마주쳤다.

'그래, 한번 해보자'

마음은 통했지만 생각처럼 쉽지 않았다. 눈빛과 오기만 가지고 구조 작업을 시작하는 건 무리였다. 침대 크기의 콘크리트 더미가 희생자를 덮고 있었다. 콘크리트를 제거하는 게 급선무였다.

콘크리트는 위쪽과 아래쪽의 철근 열 가닥이 다른 쪽과 연결돼 있었다. 이 철근을 잘라야 콘크리트를 제거할 수 있었다. 한 가닥씩 철근을 제거한 후 건장한 남성들이 달라붙어 다 같이 "one, two, three"를 외치며 힘을 모았다.

꼼짝도 하지 않을 것 같던 콘크리트가 움직였다. 그렇게 여러 번의 시도 끝에 침대를 덮고 있던 콘크리트가 바닥으로 굴러떨어졌다. 처참하게 희생된 할머니가 쪼그린 상태로 그들과 마주했다. 신고자의 오열로 조용했던 현장의 적막이 깨졌다.

> "유가족 위로 좀 해주세요.
> 그리고 현장에서 조금 떨어진 곳에서 보시게 하는 게
> 좋을 것 같습니다"

통역사에게 요청한 후 이제 끝났겠거니 했는데 사망자의 두 발이 더 큰 콘크리트 더미에 끼어있는 게 아닌가. 순간 그들의 머릿속이 하얘졌다. 하필이면 콘크리트가 발목 쪽을 누르고 있어 무리하게 잡아당기면 사망자의 신체가 훼손될 것 같아 조심스러웠다.

콘크리트 더미를 부수거나 들어내는 건 중장비가 동원돼야 한다. 하지만 중장비를 동원하는 건 사실상 불가능했다. 이대로 포기해야 하나, 유가족에게 어떻게 말을 전할까 고민하다 다시 현장을 살펴봤다. 시멘트 먼지와 콘크리트 조각 때문에 사망자가 누워있는 곳이 어디인지 알 수 없었다.

사망자 좌우 측에 있는 콘크리트 조각들을 치우고 손으로 눌러 보니 침대 매트리스였다. 불행 중 다행이었다. 상부의 콘크리트 말고 하부의 매트리스를 제거하면 구조할 수 있을 것 같았다. 이홍길 주임이 주변에 있는 옷가지 등으로 사망자의 발을 감싸고 이기평 반장이 있는 힘껏 두 손으로 침대를 눌렀다.

드디어 빠졌다. 안도감도 잠시 반대쪽 다리 아래는 나무판이 가로막고 있어 침대가 눌러지지 않았다. 나무를 자를 수 있는 톱이 있어야 했는데 그들이 가진 건 휴대용 레더맨(다목적 칼)에 있는 7㎝짜리 작은 톱뿐이었다.

시도해 보지도 않고 포기하는 건 구조대원에겐 있을 수 없는 일. 일단 보이는 부분부터 조심스럽게 차근차근 톱질해 나갔다. 작은 톱은 무서운 속도로 침대 매트리스와 나무 프레임을 잘라내기 시작했다.

시멘트 분진으로 앞이 잘 보이지 않았다. 땀이 비 오듯 쏟아졌다. 한참을 자르다 보니 침대를 누를 수 있는 공간이 생겼다. 조금 전과 같은 방법으로 발을 빼냈다. 사망자를 건물 밖으로 옮기고 명복을 빌며 묵념했다.

■ 사망자 수색

현지 구조인력이 가져다 준 사체낭으로 모신 후 안전한 도로 쪽으로 이동했다. 현장은 이미 콘크리트 더미들이 쌓여 하나의 산을 이루고 있어서 이동하기가 만만치 않았다. 여럿이서 사체낭 손잡이를 잡았지만 박음질 상태가 좋지 않아 찢어져 버렸다.

그 순간 너무 마음이 아팠다. 아무리 사망한 사람이라지만 이런 싸구려 천 조각에 모셔야 하나 싶었다. 주변에서 도와주던 현지인이 어디선가 새로운 사체낭을 가져 왔다. 조심히 옮겨 모시고 다시 발걸음을 뗐다.

지나가는 길은 중장비가 투입돼 철거·수색작업이 한창이었다. 그런데도 신호를 보내니 중장비를 멈추고 애도해 줬다. 심지어 이 모습을 본 굴착기 기사는 굴착기 버킷으로 사체낭을 옮겨주겠다고 제안했다.

'사체낭이 떨어지면 어떡하지?'

불안해진 이기평 반장은 사체낭과 함께 굴착기 버킷에 몸을 싣고 떨어지지 않도록 붙잡았다. 반대편으로 이동한 후 굴착기 기사에게 오른손 주먹으로 왼쪽 가슴을 두 번 두드리며 감사의 마음을 전했다. 그렇게 유가족에게 사망자를 인계하고 다시 마킹 작업을 하던 지역으로 이동했다.

시계를 보니 2시간 30분이 지나 있었지만 마음은 홀가분했다. 이렇듯 대한민국 구조대는 사망자까지 다 구조하는데 타국 구조대는 사망자보다 생존자 구조를 우선으로 활동하고 있었다. 무엇이 옳다고 할 순 없지만 서양과 동양의 문화적 차이를 또 한 번 실감했다. 다시 현장을 누비면서 여러 정보를 얻고 주어진 임무에 최선을 다했다.

다음날에는 전날 마치지 못한 마킹 작업을 위해 현장으로 나갔다. 어제 구조 요청을 했던 여성을 만났는데 우릴 보고 환하게 웃으며 고맙다고 인사했다. 이렇게까지 밝게 웃으면서 알아봐 주지 않아도 괜찮은데….

오늘도 그들에게 큰 선물을 받았다. 감사하고, 고맙고, 미안한 마음뿐이었다.

■ 현장에서 작업 중인 굴착기

대한민국 해외긴급구호대는 튀르키예 지진 피해 대응 6일 차 총 5회 출동으로 사망자 1명을 수습했다. 전날 대만 등 4개국 구조대가 철수했고 이날 독일 등 6개국 구조대가 철수했다. 안타키아 지역에서 해외 구조대의 활동은 대부분 종료됐고 튀르키예 정부에서 중장비를 동원한 철거작업이 시작됐다.

7일 차는 공식적으로 대한민국 해외긴급구호대의 수색·구조 활동이 종료되는 날이다. 2회 출동했지만 성과는 없었다. 장비 기증식이 있었고 우리가 철수한다는 이야기가 퍼지자 튀르키예 정부 관계자들이 찾아와 그간 우리의 노고에 깊은 감사를 보냈다.

06 안타키아에서 만난 한국인 청년

  2월 14일 오후 5시 58분. 숙영지가 있던 셀림 아나돌루 고등학교 맞은편 지진으로 지하층과 1층이 무너진 6층 건물 앞에 사람들과 굴착기가 모여들었다. 무너진 건물은 우리나라의 빌라와 비슷한 형태의 주택이었다. 어제부터 부쩍 늘어난 중장비가 이제 이곳까지 왔구나 싶었다. 곧 안타키아의 무너진 건물들이 모두 철거될 것 같았다. 나를 포함한 구조반이 현지 주민들의 신고로 3번이나 수색한 건물이다. 매일 일어나면 이곳이 지진 피해 현장임을 느끼게 해주던 건물인데 철거한다고 하니 시원섭섭한 기분이 들었다.

  처음 숙영지를 편성하고 현지 주민들이 "사람 소리가 난다. 아이 소리를 들었다"고 신고해 출동했지만 붕괴한 지하층과 1층에서는 생존자도, 사망자도 발견하지 못했다.

▪ 숙영지 맞은편 붕괴 건물

두 번째 신고를 받고 숙영지에 남아 있던 운영반 대원과 함께 출동했다. 건물 우측에 지하실로 들어갈 수 있는 작은 창문이 있었다. 창문을 통해 내부로 들어가니 지하층은 헬스장이었다. 튼튼한 헬스 기구들이 천장 콘크리트를 지지하고 있어 완전히 무너지진 않았다. 내부는 빛 하나 없는 왕릉 같은 느낌이 들었다. 그리고 언제라도 무너질 수 있을 거란 두려움이 나를 압박해 왔다.

지하층 출입구 쪽은 붕괴돼 있었다. 샤워실, 화장실을 모두 수색했지만 생존자나 사망자는 없었다. 구조견도 지하층과 건물 외부를 수색했지만 생존자 반응을 보이지 않았다. 통역사가 주변에 모여 있던 많은 현지 주민에게 지하층에는 아무것도 없다는 말을 전했다.

1층이 완전히 무너지면서 2층이 1층이 됐다. 우린 건물을 돌며 무너진 1층으로 들어갈 수 있는 틈을 찾았다. 전면에서 작은 틈을 발견했다. 이 틈으로 통로를 개척하며 기어들어 갔다. 내 몸조차 자유롭게 움직일 수 없는 좁은 공간이었다. 식탁, 장롱, 소파 등 가구와 마주했다. 목재라 치우면서 조금씩 이동할 수 있었지만 5m 정도 들어가니 상판 콘크리트가 가로로 길게 막고 있어 더는 수색할 수 없었다.

지진으로 무너진 후 1차 안정화가 돼 있더라도 하중을 받는 물건이나 벽체를 제거하면 다시 붕괴할 위험성이 있다. 더 전진할 수 없는 막다른 곳에서 함께 들어간 동료와 "Kimse yok mu"[12]를 외쳤다. 하지만 그 어떤 소리도 다시 돌아오지 않았다. 수색은 그렇게 종료됐다.

다음날 세 번째 신고가 접수됐다. 이번에는 튀르키예 SART[13]도 왔다. 함께 수색한 후 생존자를 발견하지 못해 현지 주민들에게 이 상황을 전했다. 그 후로 현지 주민들은 생존자가 있다거나 소리를 들었다는 신고를 하지 않았다. 최종 현장이 정리되고 들어오는 길에 길가에 앉아 그곳을 떠나지 못하는 할아버지를 봤다. 할아버지 주변으로 현지 주민들이 모여 위로를 건네고 있었다.

---

12) 튀르키예어로 Kimse yok mu(킴세 요쿠 무), 여기 누가 없어요?
13) Search and Rescue Team, 탐색구조팀

아마도 그분은 가족 중 누군가가 무너진 건물 어딘가에 있다고 확신해 계속 신고한 게 아닌가 싶었다. 가슴이 아팠지만 더는 해줄 수 있는 일이 없었다.

■ 굴착기로 철거 시작

오늘은 아침부터 굴착기 소리가 요란하게 들려왔다. 울타리 밖을 보니 어제 수색한 건물을 철거하기 위해 준비 중이었다. 혹시나 철거 중에 생존자를 발견하거나 다른 사고가 발생할 수도 있을 것 같아 동영상을 촬영하고 있었다.

집중해서 촬영하고 있는데 옆에서 낯익은 한국말이 들려왔다.

"안녕하세요"

깜짝 놀랐다. 대사관 관계자를 통해 하타이주 안타키아에는 대한민국 해외긴급구호대를 제외하고 한국 사람이 단 한 명도 없다는 이야기를 들었기 때문이다.

처음엔 한국어를 배운 튀르키예 사람인 줄 알았다. 자세히 보니 대한민국 특전사 디지털 무늬의 정글모를 쓰고 모자 가운데 튀르키예 국기를 부착한 한국 사람이었다.

지진 피해 당시 튀르키예 동남부 지역에 우리 국민 100여 명이 거주하고 있었으나 인적 피해는 없었다. 지진이 발생한 후 외교부에서는 시리아 국경 인근 지역인 디야르바키르와 샨리우르파, 가지안테프, 킬리스 등에 이미 여행경보 3단계(적색경보)[14]를 발령했다. 하타이(안타키아)와 카흐라만마라스, 말라티아, 아디야만, 오스마니예, 아다나 등 6개 주에도 특별여행주의보를 발령해 우리 여행객들이 위험지역을 방문하지 않도록 안내했다.

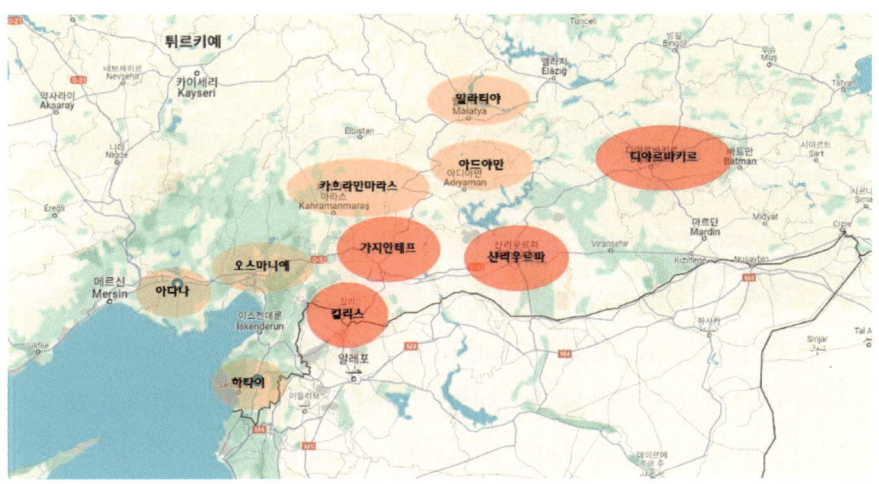

■ 튀르키예 지진에 따른 여행경보·특별여행주의보 발령 지역

여행경보와 특별여행주의보가 발령된 지역에서 출국하지 않거나 안내를 따르지 않았을 때 사고가 발생하면 대사관의 조력을 받을 수 없다는 규정이 있다. 이런 위험지역에 대한민국 국민이 있다는 게 믿어지지 않았다.

---

14) 발령 대상 국가(지역)의 위험 수준에 따라 1~4단계로 구분한다. 3단계는 '국민의 생명과 안전을 위협하는 심각한 수준의 위험'(출국 권고)

촬영을 중단하고 그 청년과 이야기를 이어갔다. 청년은 간단하게 자신을 소개했다.

> "
> 38살이고요. 특전사를 전역하고 제 오랜 꿈인 세계여행을 하고 있어요. 사실 전역하자마자 바로 하고 싶었는데 여행하고 한국에 돌아갔을 때 세상을 보는 눈은 가졌을지 몰라도 경제적으로 집 한 채 없는 자신과 마주하면 허무할 것 같더라고요. 그래서 전역하고 8년 동안 골프 캐디를 하면서 경제적으로 독립한 후에 2022년부터 세계여행을 시작했죠. 첫 여행지가 튀르키예였는데 아무것도 모르고 무작정 도착한 이곳에서 따뜻하게 대해 준 튀르키예 사람들에게 고마움을 보답하고 싶더라고요. 지진 소식을 들었을 때 아르메니아를 여행 중이었는데 도움을 주고 싶어 바로 달려왔어요. 처음 안타키아에 도착해서 대한민국 해외긴급구호대라는 플래카드를 보고 숙영지를 방문해 자원봉사하겠다고 했지만 외교부에서 적색경보 지역의 자국민 자원봉사는 허락되지 않는다며 출국을 권고하더라고요. 어쩔 수 없이 숙영지 옆 튀르키예 재난·비상관리 당국에서 운영하는 구호대를 찾아가 자원봉사를 하겠다고 하니 반갑게 맞아줘서 무상으로 숙식을 제공받고 있어요
> "

"하루 일정이 어떻게 돼요?"
"주로 사망자를 옮기거나, 무연고자를 매장하거나,
길거리 쓰레기를 줍거나 하는 허드렛일을 해요.
튀르키예 사람들 정이 많아요.
누구든 자신들에게 도움을 주러 왔다고 하면 반갑게 맞아줘요"

튀르키예 사람들이 정이 많고 누구에게나 친절한 민족성을 가졌다는 걸 알았지만 이렇게까지 포용할 수 있다는 사실에 놀랐다.

"어제 무너진 1층으로 수색하러 들어가는 걸 봤어요.
무너진 건물 아래로 서슴없이 들어가는 걸 보고 있자니
대한민국 소방관이 너무 멋지고 자랑스럽더라고요"
"위험한 곳에 와서 봉사하겠다고 결심한 당신이 더 멋져요"

태극기를 오른팔 어깨에 달고 대한민국을 대표해 튀르키예 지진 피해 현장에서 임무를 수행하는 해외긴급구호대보다 한 명의 대한민국 국민으로 튀르키예 국민에게 감동을 주는 이 청년이 더 자랑스러웠다. 이런 청년들이 대한민국의 미래다.

"젊은 날 무언가를 얻기 위해 시작한 세계여행
건강하게 마무리하고 한국에서 다시 만날 일이 있으면 좋겠네요"

짧은 인사를 나눈 후 그는 자리를 떠났다. 지금 와서 생각해보면 사진 한 장 찍지 못하고 헤어진 게 끝내 아쉬움으로 남는다.

07 UCC 방문과 유럽 구조대 운영 체계를 확인하다

　매일 오전 9시와 오후 9시 하타이 엑스포에 마련된 UCC에서 각국 구조대 회의가 진행된다. 우리 숙영지에서 차량으로 20분 거리였지만 이동하는 데 1시간 이상이 걸렸다. 지진으로 도로가 파괴된 데다가 피난 차량과 구급차로 도로가 혼잡했기 때문이다.

　회의에서는 인사락 지침을 전파하고 각국의 구조 활동 성과와 현장 안전 문제 등 각 지역에서 일어나는 정보가 공유됐다. 하타이주에 있는 UCC는 네덜란드 구조대가 구성했다. 네덜란드 구조대는 인사락 헤비 등급을 보유한 국가로 가장 먼저 이곳 하타이에서 수색·구조업무를 시작한 듯했다. UCC에서 할당해준 구역별 대표국 구조대는 SCC에서 파견된 연락관들을 구성했다. 이들은 UCC에 함께 근무하며 정보를 공유했다.

UCC는 두 개의 텐트를 연결한 곳을 지휘소로 사용했다. 내부는 LED 등을 설치해 밝은 분위기를 연출했다. 무엇보다 히팅시스템이 잘 돼 있어 춥지 않았다. 텐트 벽에는 각종 상황판과 지도를 걸어 놓고 누구나 쉽게 정보를 볼 수 있도록 해뒀다(사망자 인적사항 등 보안이 필요한 부분은 별도로 관리하고 있었다).

▪ UCC 회의 모습

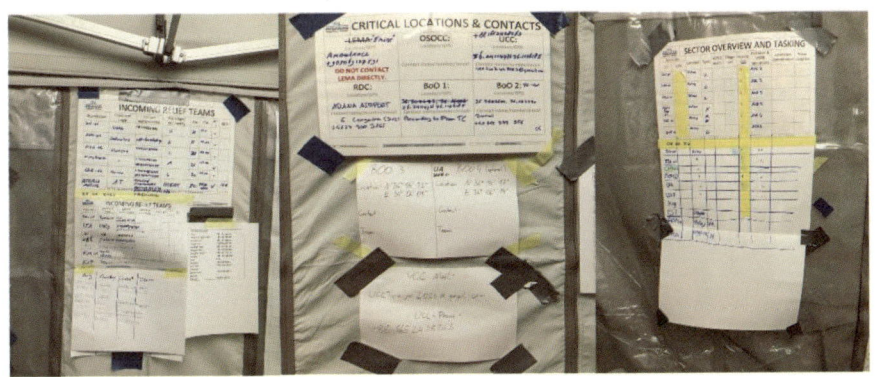
▪ 텐트 벽에 걸려 있는 자료

텐트 가장자리에는 UCC, SCC 위치와 구역별 할당된 섹터가 그려진 일종의 상황판이 놓여있었다. 생존자와 사망자 구조 현황도 기록돼 있었다. 중요사항은 수시로 포스트잇을 이용해 붙여 놨다.

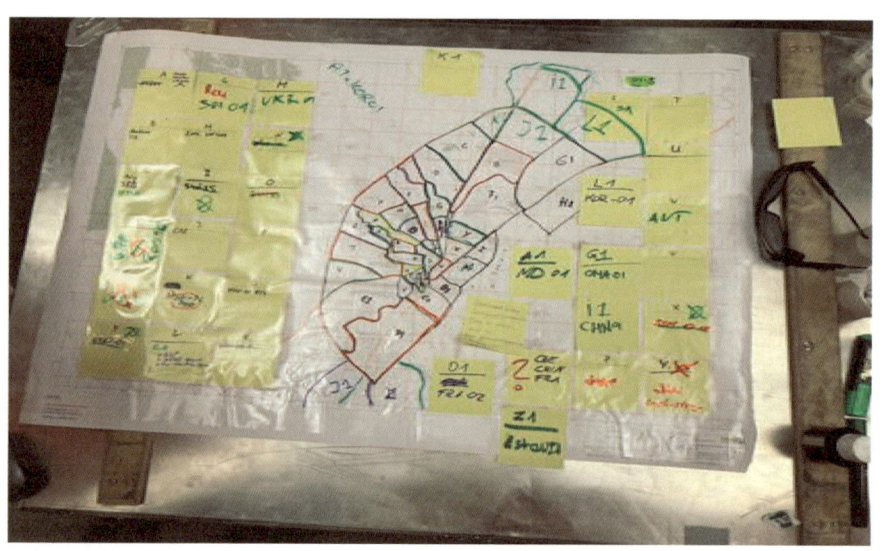

- SCC별 섹터가 지정된 일종의 상황판

네덜란드 구조대는 대한민국 해외긴급구호대보다 먼저 인사락 헤비 등급을 획득한 유럽의 대표 국가다. 지금까지 수많은 재난지역에 파견돼 쌓은 경험을 바탕으로 구조역량도 높다.

회의를 마치고 텐트 밖으로 나오니 네덜란드와 오스트리아, 스위스 등 유럽을 대표하는 인사락 가입 국가의 숙영지가 있었다. 네덜란드 구조대는 구조역량만큼 기능별 물자들이 잘 갖춰진 최고의 구조대였다.

재난 현장에서 가장 중요한 건 사람과 물자다. 숙달된 구조대원은 재난 현장에 없어선 안 될 존재 그 이상의 가치를 지닌다. 물자는 구조에 필요한 장비와 휴식을 취하는 텐트, 먹는 식량 등이다. 이를 원하는 시간과 장소에 효율적으로 보내려면 물류 시스템이 있어야 한다.

네덜란드 구조대는 이런 물류 시스템이 잘 갖춰진 국가 중 한 곳이었다. 장비는 이동간 망가지지 않도록 튼튼한 철제 상자에 넣었고 색 테이프로 그 상자가 어디에 쓰는 장비인지 한눈에 알 수 있게 했다.

물류 관리 체계만 봐도 이들이 얼마나 많은 경험을 가진 구조대인지 짐작할 수 있었다. 또 숙영지에 설치된 취침실과 휴게실, 샤워장, 현장 지휘소, 구조견 텐트는 우리가 한 번도 상상해 보지 못한 방식이었다. 비유하자면 우린 노숙자, 네덜란드는 호텔 투숙자 정도로 생각하면 되겠다.

튀르키예와 유럽은 육로 통행이 가능해 비행기가 아닌 차량으로 이동했다. 그래서 많은 물류를 한 번에 화물차로 가져올 수 있었다. 하지만 우리나라처럼 비행기를 이용하는 해외 구조대는 물동량이 제한된다. 비행기에 적재할 수 있는 화물의 크기와 무게가 정해져 있어 해외긴급구호대는 활동에 필요한 최소한의 물자만 가지고 다니다 보니 현장에서나 숙영지에서 아쉬움이 많았다.

▪ 네덜란드 물류

취침 텐트 4동을 인접하게 설치하고 한 대의 히터를 가동해 2개의 텐트에 따뜻한 공기를 공급했다.

▪ 네덜란드 구조대 히팅시스템

네덜란드 구조대에 취침 텐트 내부를 구경해도 된다는 승낙을 받았다. 텐트에 들어서니 반바지와 반소매 티셔츠를 입은 구조대원이 웃으면서 반겨줬다. 우린 매일 추위와 싸우며 잠을 청해야 했는데 그들은 반바지에 반소매 티셔츠를 입고 생활했다. 그 옆 오스트리아 구조대의 취침 텐트도 볼 수 있었는데 넓은 공간에 바닥이 아닌 휴대용 야전 침상에서 휴식하고 있었다. 휴게실 텐트도 별도 설치해 회의를 진행하거나 식사와 커피를 마시며 이야기를 나눌 수 있게 했다.

우리와 다른 숙영지 모습에 약간은 부러웠지만 우리도 언젠가 이런 물자를 모두 갖추고 해외 출동을 나갈 수 있도록 노력해야겠다는 생각이 들었다. 그래서 UCC 체계를 이해하고 외국 구조대의 숙영지를 견학할 수 있도록 해외긴급구호대장을 비롯해 물류반과 운영반, 구조반 대원들을 돌아가며 회의에 참석시켰다.

■ 오스트리아 구조대 취침 텐트

▪ 네덜란드 휴게실 텐트

　외국 구조대의 경우 구조대원들의 위생을 가장 먼저 생각한다. 현장 활동을 마치고 복귀하면 장비를 반납한 후 샤워 텐트에 들어가 작업복을 벗고 샤워를 한다. 샤워를 마치면 반대편 출구에 미리 준비해 둔 간편복으로 갈아입고 나와 취침 텐트나 휴게실을 사용한다.
　작업복은 별도의 인원이 세척 장비를 이용해 이물질을 털어 내고 필요하면 세척 후 다시 입을 수 있도록 준비해 둔다. 이런 시스템은 재난 현장이라는 비위생적인 환경에서 감염병을 예방하고 바이러스를 차단해 대원들의 건강을 지켜줬다. 화학사고 대응 시 구조대원이나 화학물질에 노출된 구조대상자를 대상으로 실시되는 D-CON[15] 개념과 비슷했다.

---

15) Decontamination(오염 제거) 화학물질, 미생물 또는 방사성 물질을 포함해 물체 또는 영역의 오염 물질을 제거하는 과정. 일반적인 청소와 달리 오염 물질로 인한 위험을 줄이기 위해 취하는 특정 조치다.

구조견 텐트도 별도로 설치한다. 내부에 케이지를 넣어 구조견이 편안하게 쉴 수 있는 환경을 조성했다. 구조견과 핸들러가 같은 공간에 있으면 구조견이 긴장해서 쉬지 못하기 때문이다. 취사를 할 수 있는 트레일러 시설 또한 갖춰져 있었다.

▪ 구조견 텐트

우린 모든 게 현장 활동에 집중돼 있다면 유럽 구조대는 현장과 숙영지 활동이 완전히 분리돼 있었다. 유럽 구조대 숙영지를 방문하고 받았던 신선한 충격을 잊지 않고 대한민국 해외긴급구호대에 적용할 방법을 머릿속으로 그려봤다. 튀르키예 지진 피해 대응을 준비하며 가진 장비나 물자, 여건이 최고라 생각했던 지난 시간을 회상하니 웃음이 나왔다. 문득 "마누라와 자식 빼고 다 바꿔라"고 했던 이건희 회장의 말이 떠올랐다. 국제구조대도 이제 바뀌어야 한다.

대한민국 해외긴급구호대는 2015년 네팔 카트만두 지진 이후 약 8년간 단 한 번도 파견된 적이 없었다. 우린 그동안 현실에 안주했다. 우물 안 개구리처럼 내가 보는 것만 세상인 줄 알았다.

장비의 성능과 기능은 도태돼 있었다. 8년 전엔 최고의 장비였을지 몰라도 지금은 고물이다. '천하수안 망전필위(天下雖安 忘戰必危)'[16]라는 고사성어가 우리의 현재 모습이다. 아무리 출동이 없어도 준비했어야 했는데 그러지 못했다.

이번 파견은 여러 해외 구조대를 보면서 앞으로 우리가 준비해야 할 부분이 무엇인지 눈으로 직접 보고 마음으로 느끼는 기회가 됐다. 대한민국 해외긴급구호대의 민낯을 외교부 장관에게 보고하기로 마음먹었다.

그날부터 메모한 내용과 동료들에게 들은 문제점, 발전 방향에 대해 살을 붙여 보고서를 만들기 시작했다.

---

16) 세상이 아무리 평화롭고 살만하더라도 전쟁을 잊으면 나라가 위태로운 순간이 반드시 찾아온다.
 -충무공 이순신

08 튀르키예에 기증한 해외긴급구호대 물자

- 튀르키예 정부에 장비 기증

2023년 2월 14일 튀르키예 정부에 대한민국 해외긴급구호대가 사용한 물자와 국군의무사령부에서 가져온 의료품을 기증하는 행사를 가졌다. 기증식 전 기증할 드론을 이용해 안타키아 지역을 촬영하기로 했다. 훗날 어떤 도시로 다시 태어날지 궁금했다.

드론으로 안타키아 지역을 상공에서 바라보니 말 그대로 초토화였다. 몇몇 건물은 형태가 있었지만 드론 근접 촬영 영상을 보면 유리창이 모두 깨져 있었다. 외벽은 떨어져 나가 너덜너덜했다. 다시 사용할 수 있는 건물은 없는 것 같았다. 도시 전체를 철거하고 도시계획을 새롭게 세워야 할 듯했다.

기증식 전에 기증할 물자와 한국으로 가져갈 물자를 분류했다. 구조작업 중 고장 난 장비와 튀르키예에서 사용할 수 없는 물자들은 한국으로 다시 가져가기로 했다.

- 숙영지 인근 항공사진

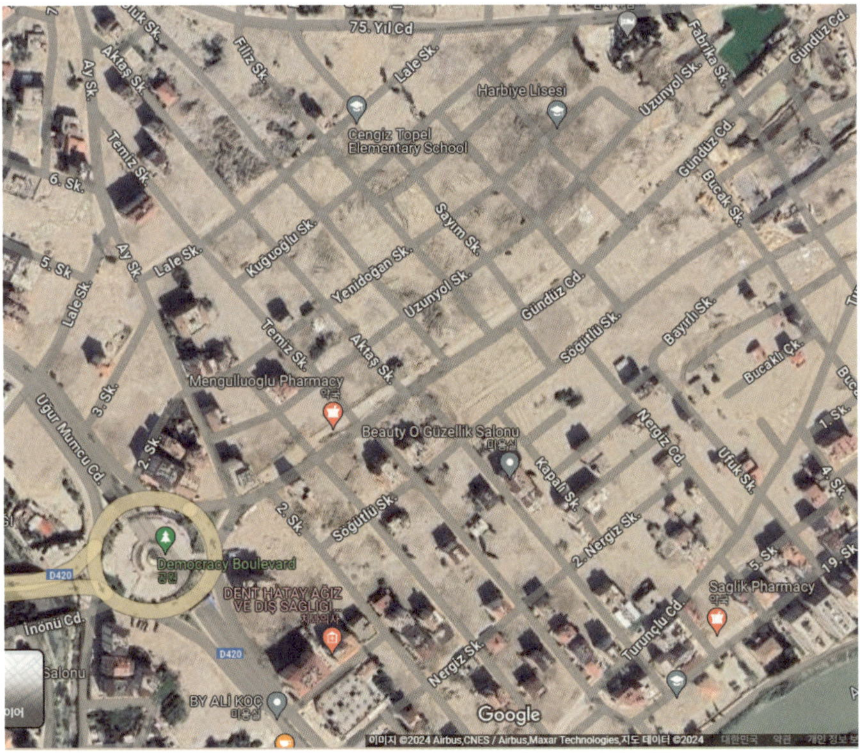

- 2024.7.16. 숙영지 인근 구글지도(건물 대부분이 철거됐다.)

▪ 기증할 장비 선별

한국에서 제작된 제품 중 한글 매뉴얼만 있는 장비를 기증할지 아니면 다시 가져갈지 고민됐다. 하지만 지진 피해 현장에 장비가 부족한 상황이라 매뉴얼 없이 1:1 맞춤 교육으로 사용법과 유지관리 방법을 전수하기로 했다.

한국으로 다시 가져가는 물자는 공중급유기 화물 적재용으로 팔레트에 래핑한 후 밴딩했다. 기타 식료품 일부와 의류, 핫팩은 현지 이재민에게 나눠줬다. 오전 9시가 넘어 튀르키예 재난·비상관리 당국에서 장비를 인계받는 대원들이 속속 숙영지로 도착했다.

그간 튀르키예 대원들과 숙영지를 같이 사용해서 어색하지 않았지만 처음 방문하는 재난·비상관리 당국 대원들은 어색한지 미소를 머금고 한 손을 들어 수줍은 인사를 전했다. 오전에 장비 등 사용법을 알려주고 오후에 기증식을 진행할 예정이었다.

물류반 대원이 통역사를 통해 우리 장비에 대한 종류와 분류 방식에 대해 전반적으로 설명했다. 그런 후 장비와 물품별로 조를 나눠 장비 사용법과 유지관리 방법 등을 세부적으로 알려줬다. 인계하는 동안 대화를 나누고 몸도 부대끼면서 서로에 대해 알게 됐다.

인수인계 현장은 가르쳐주고자 하는 우리 대원들의 열정과 뭐라도 하나 더 알기 위해 질문하는 튀르키예 인수팀의 열정으로 뜨거웠다. 시간이 지나자 여기저기서 웃음소리가 들리기 시작했다. 구조장비를 배우는 모습이 너무 진지해서 더 많은 걸 알려주고 싶었다. 계속되는 질문은 통역사가 전달해 줬다. 우리의 구조장비가 생소할 수도 있지만 재난업무를 담당해서인지 구조장비 사용법과 유지관리에 대한 습득이 빨랐다.

기증식은 정오에 진행됐다. 오전에 방문한 인수팀보다 많은 사람이 왔다. 해외긴급구호대장은 구조장비를 기증받을 튀르키예 재난·비상관리 당국 하타이 지역 총괄 아흐멧 투룬크 지부장과 기증서에 각각 서명을 한 후 교환했다. 이어 의료품을 기증받을 오스마니에 가딜레 사흘륵 오즈 국립병원 이브라힘 에그리타시 의사와 각자 서명한 기증서를 교환하는 시간을 가졌다.

▪ 기증할 장비 사용법 설명

▪ 물품 기증서 서명

기증식은 순조롭게 끝났고 재난·비상관리 당국 인수팀과 사진을 찍었다.

> "끝까지 도와주지 못해 미안해요.
> 우리 장비가 지진 피해 현장에서 잘 사용되길 바랍니다"

Handover Note

Date 14.Feb.2023

AFAD(Turkiye Disaster and Emergency Management Authority) acknowledges the receipt of Donation Items and equipments* from the Korea Disaster Relief Team(KDRT), Republic of Korea

	Items	Specifics
1	Rescue Equipments	Generator, tents, oil pressure drill, rope, rope protector, Chain Saw, Battery cutter, Engine Concrete Chain Saw and etc.
2	Drinks and daily necessities	air gloves, Alkaline battery, drinks, Portable toilet, Emergency first-aid medicine kit and etc.
3	Medicine	Painkiller, anti-infective, external application and etc.

*List of donated items/equipments attached

(Name and Position of Donor)   (Name and Position of Recipient)

----------------------   ----------------------

          Signiture   Signiture

Do Yeon Won,   Ahmet Turunc

Chief of Korea Disaster Relief Team   Director of Disaster and Emergency
                                                           Management Authority Hatay Sector

Republic of Korea   Turkiyev

■ 기증서

- 튀르키예 구조장비 인수팀

  헤어지기 섭섭했는지 숙영지에 있던 우리 대원들과 사진을 찍고 싶다며 삼삼오오 모여들었다. 인도주의 차원에서 해외긴급구호대는 해외 재난지역 피해 대응 파견 복귀 시 일부 장비를 피해국에 기증한다. 구조장비와 의약품을 기증하는 건 피해국에 큰 도움이 된다.

  재난 현장에는 항상 장비가 부족하다. 장비만 있었다면 구할 수 있는 안타까운 목숨이 한둘이 아니다. 우린 오랜 출동 경험을 가진 나라로서 피해국이 정말 필요한 게 무엇인지 알고 있다. 구조장비와 의약품을 기증하면서 대한민국 해외긴급구호대의 장비로 우리가 구하지 못한 더 많은 생명을 구할 수 있길 간절히 기원했다.

09 7일간의 구조활동을 마치고 안타키아를 떠나다

유럽과 아시아 구조대는 골든타임이 지난 2월 12일부터 철수를 시작했다. 한 명의 생존자라도 더 찾기 위해 밤낮으로 노력했지만 더 이상의 생존자는 발견하지 못했다. 그리고 안타키아 어디에서도 더 이상의 생존자 구조 소식은 들려오지 않았다.

철수 결정을 위해선 여러 차례에 걸친 토의와 의사결정이 필요했다. 해외긴급구호대장도 외교부와 여러 의견을 교환하고 최종결정을 발표했다.

"우리는 2023년 2월 9일 오전 1시 튀르키예 하타이주 안타키아
셀림 아나돌루 고등학교에 숙영지를 편성하고
생존자 수색과 구조 활동을 시작했습니다.
생존자 8명을 구조하고 사망자 19명을 수습했습니다.
2023년 2월 15일 오전 10시부로
안타키아에서의 수색·구조 활동을 공식적으로 종료하겠습니다"

불안해지는 치안과 튀르키예 정부의 신도시 건설 계획 발표로 거주민들이 떠나기 시작했다. 시리아 난민이나 가족의 생사를 확인하지 못한 유가족만이 무너진 건물 주변에서 서성이고 있었다. 대한민국의 임무 종료 소식에 많은 튀르키예 정부 기관 관계자가 방문해 구조 활동에 관한 각별한 사의(謝意)를 표명했다.

그중 기억에 남는 건 2월 11일 튀르키예 구조대와 생존자 3명을 함께 구조한 SART의 방문이다. 당시 현장에는 여러 나라 구조대가 있었는데도 대한민국 구호대에 함께 구조 활동을 하자고 제안해 왔다.

무너진 잔해를 함께 치우며 생존자를 구조하겠다는 일념으로 하나가 된 연합작전이었다.

과거 한국전쟁 당시에도 튀르키예군과 한국군이 어려운 상황에서 서로를 지켜주며 함께 전투했던 전쟁사가 있다. 우린 치열하고 가슴 뜨거웠던 그날의 연합작전을 사진 한 장에 담아 기억해 두기로 했다.

- 구조 2반과 튀르키예 SART

이스탄불에서 온 SART 대원 중 한 명이 할아버지가 한국전쟁 참전 유공자라고 소개했다.

"할아버지가 어릴 적부터 한국전쟁에 참전한 이야기를 해주셔서
한국을 잘 알고 있어요.
자유민주주의를 지키기 위해
한국전쟁에 참전한 할아버지를 둔 제가 정말 자랑스러워요"

하타이주 재난 현장을 지원해 주고 있는 코자엘리주지사도 우릴 찾아왔다.

"지금까지 대한민국이 보여 준 구조 활동에 깊은 감사의 마음을 전합니다"

■ 해외긴급구호대장과 코자엘리주지사 환담

 이어서 아이퀸시장과 데린제시장이 방문했다. 두 분은 한-튀 의원 친선협회장을 역임하면서 한국을 여러 차례 방문했다고 한다. 그들도 대한민국 해외긴급구호대의 인명 구조 활동에 각별한 사의를 표명한다고 전했다.
 우리에게 주어진 임무에 최선을 다했을 뿐인데 감사 인사까지 받으니 어리둥절했다. 새삼 이것이 대한민국의 힘이라는 사실을 깨달았다. 내 조국이 강해야 국민을 지킬 수 있을 뿐 아니라 내 가족을 지키고 나아가 인도주의적 지원도 할 수 있다는 걸 다시 한번 느꼈다.

▪ 해외긴급구호대의 기념품

    튀르키예 지진 피해 대응 대한민국 해외긴급구호대를 기념할 수 있는 게 무엇일지 고민하다 헬멧에 파견 대원들의 이름을 모두 써 각 기관 기념관에 보관하자는 의견이 나왔다. 중앙119구조본부 헬멧과 코이카 헬멧에 대원들의 이름을 새겼다.

    2월 15일 안타키아를 떠나는 날 아침 해가 밝았다. 텐트와 숙영지를 정리 정돈했다. 그리고 학교 건물 1층에 있는 도서관 벽면에 있는 문장을 사진에 담았다.

▪ 셀림 아나돌루 고등학교 도서관에 있는 문구

거의 매일 보다시피 한 문장인데 어떤 뜻인지 궁금했다. 복귀 후 주한 튀르키예 대사관에서 근무하는 통역사를 통해 정확한 뜻을 알 수 있었다. 이 문장의 핵심은 사진 속 인물과 연관이 있다. 사진 속 인물은 튀르키예 국부 무스타파 케말 아타튀르크[17]다.

"아타튀르크는 3937권의 책을 읽었는데, 당신은?"

튀르키예 관공서나 학교에는 무스타파 케말 아타튀르크의 사진이 없는 곳을 찾기 힘들다. 국부에 대한 존경심과 자존심이 강한 나라다. 국부가 3937권의 책을 읽었다는 걸 되새기면서 독서에 대한 중요성을 강조했다. 문화의 차이는 있지만 독서의 중요성은 세계 어느 나라든 비슷한 것 같다.

대한민국 해외긴급구호대의 임무는 121명이 모두 모인 자리에서 긴급구호대장과 중앙119구조본부장, 특전사 대표가 그간의 헌신과 노고에 대해 대원들을 격려해 주며 종료됐다.

• 임무 종료 선언

---

17) 무스타파 케말 아타튀르크(1881년~1938년 11월 10일)는 오스만 제국의 육군 장교, 혁명가, 작가이며 튀르키예 공화국의 건국자이자 초대 대통령이다. | 출처 위키백과

숙영지 반대편 도로에는 우리를 안타키아에서 안전한 아다나로 이동시켜 줄 수송 버스 4대가 도착해 대기하고 있었다. 약 7일간 숙영지로 사용한 셀림 아나돌루 고등학교가 이제 집처럼 포근하게 느껴졌다. 떠나는 발걸음은 무거웠지만 시간이 흐르고 새로운 도시로 탈바꿈해 예전의 영광을 되찾길 기원하며 학교 정문을 나섰다.

각자 배정된 버스로 이동하는데 외벽이 무너진 상가주택 1층 문구점이 지진 이후 처음으로 문을 열었다. 가게 안에서 주인 할아버지는 짐 정리가 한창이었다. 인도에 있는 좌판대에는 농구공과 배구공, 축구공이 진열돼 있었다.

▪ 문구점에 진열된 각종 공

다시 이 학교에 학생들이 등교하고 운동장에서 공을 가지고 노는 모습을 상상하며 새로운 학교가 튼튼하게 건축되길 기원했다. 사진을 찍으면서 주인 할아버지와 눈이 마주쳤다. 멋진 콧수염에 비해 눈가 주름은 지진 피해의 아픔만큼 깊게 보였다. 고개를 숙여 예의를 표하고 버스에 올랐다.

'훗날 다시 찾아와 웃는 모습의 할아버지를 만나리라'

지진 피해 후 첫 번째로 문을 연 문구점 주인 할아버지의 희망 불씨가 안타키아 전역에서 활활 타오르길 진심으로 기도했다.

▪ 이동하는 동안 이름 모를 모스크를 보며 튀르키예의 아픔이 완치되길 기도했다.

CHAPTER 4.

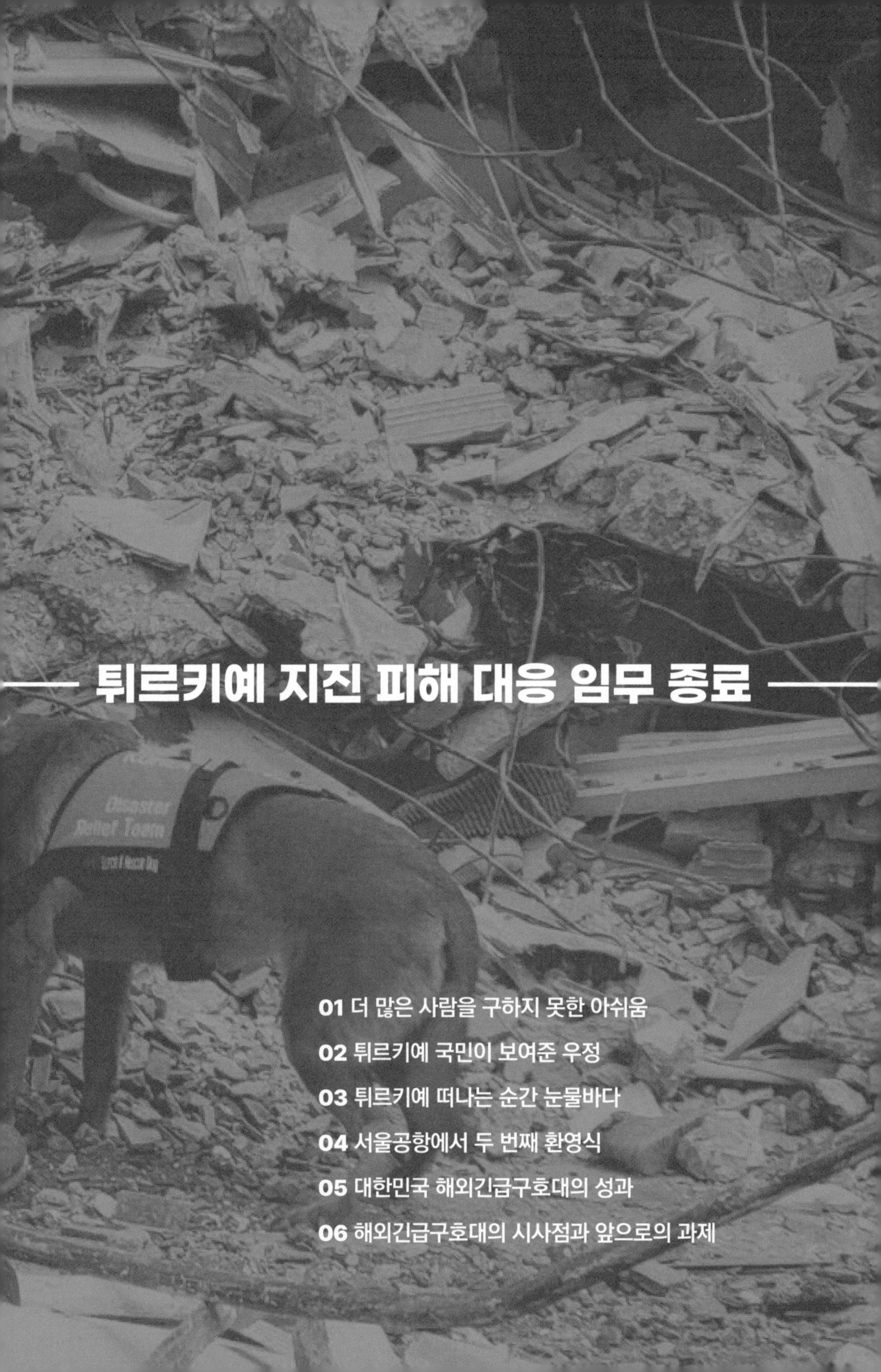

── 튀르키예 지진 피해 대응 임무 종료 ──

01 더 많은 사람을 구하지 못한 아쉬움

02 튀르키예 국민이 보여준 우정

03 튀르키예 떠나는 순간 눈물바다

04 서울공항에서 두 번째 환영식

05 대한민국 해외긴급구호대의 성과

06 해외긴급구호대의 시사점과 앞으로의 과제

튀르키예 지진
피해 대응 임무 종료

01 더 많은 사람을 구하지 못한 아쉬움

대한민국 해외긴급구호대의 수색·구조 활동은 공식적으로 7일간 하타이주 안타키아에서 진행됐다. 형제의 나라 튀르키예에서 지진이 발생했다는 소식을 전해 듣고 최단 시간, 최대 인원이 급파됐다. 구조대원들은 지진으로 무너진 건물 사이에서 생존자 수색·구조 활동을 위해 온 힘을 다했다.

골든타임 72시간이 지나면서 온종일 울리던 구급차 소리도 점점 들리지 않았다. 거리를 오가는 사람의 수도 점점 줄었다. 튀르키예 정부에서 발표한 애도 기간 7일이 넘어가자 구급차의 사이렌 소리 대신 중장비들이 줄지어 이동하는 소리와 진동이 거리를 가득 메웠다. 그리고 무너진 건물을 철거하기 위한 중장비가 거리 곳곳에 주차돼 있었다.

▪ 숙영지 앞 도로에 주차된 굴삭기

튀르키예 재난·비상관리 당국에서 파견된 공무원은 "만약 생존자가 더 구조된다면 그건 기적이죠. 튀르키예 정부는 새로운 도시를 건설하겠다는 기본 방침대로 일을 진행할 예정이에요"라고 얘기해줬다.

안타키아는 지리적으로 시리아 국경과 인접한 도시 중 가장 큰 대도시다. 국경이라면 철책이 있고 경비가 삼엄해야 하나 이곳은 우리가 생각하는 국경과 달랐다.

도로 일부분을 제외하고는 산을 넘어 쉽게 튀르키예로 들어올 수 있었다. 특히 시리아 내전이 시작된 2011년 이후부터 많은 시리아 난민이 튀르키예로 들어왔고 정확한 인원 집계도 사실상 불가능한 상황이었다. 지진 전 안타키아 인구가 약 21만 명, 시리아 난민이 약 10만 명 정도 거주하는 것으로 추산했다.

튀르키예 사람들은 건물에 매몰되거나 가족 간 연락이 되지 않으면 신고해서 찾을 수 있는 확률이 높았다. 그러나 시리아 난민들은 친척도, 가족도 없는 사람이 많았다. 온 가족이 함께 매몰되거나 사망했다 한들 누구도 찾지 않았다.

처음 이곳에 와서 본 길거리에 즐비한 사체낭과 한국 청년이 말한 무연고 사망자는 아마도 시리아 난민들이 아니었을까. 철수 날짜가 정해지자 마음이 바빠졌다.

한 명의 생존자라도 더 찾고 싶었지만 수색·구조 활동에 한계를 느꼈다. 광범위한 피해지역과 수색·구조 활동을 할 수 있는 인력 부족, 제한적인 구조장비는 우리의 의지와 무관하게 한정된 자원들이었다.

수색·구조 능력이 세계에서 가장 좋더라도 대자연의 재앙 앞에서 인간은 너무나 초라한 존재였다. 처음에는 길거리 곳곳에서 철거작업이 시작됐지만 시간이 지날수록 안타키아 전체가 커다란 공사 현장이 됐다.

마지막까지 가족의 시체라도 찾기 위해 무너진 건물 철거 현장을 떠나지 못하는 유가족들을 볼 때마다 지난 시간이 후회됐다. 조금 더 열심히 수색·구조 활동을 하지 못한 점, 밤낮 구분 없이 계속 수색 활동을 하지 못한 점, 사망자를 끝까지 구조하지 못한 점 등이 아쉬움으로 남았다.

• 철거 작업이 진행 중인 지역

거리에서 마주치는 현지인들의 얼굴에는 표정이 없었다. 그들에겐 더 이상의 눈물도 없어 보였다. 이 긴 고통의 시간을 빨리 끝내고 싶어 할 뿐이었다. 숙영지를 찾아와 사랑하는 가족이 매몰돼 있으니 제발 구조해 달라고 소리치며 오열한 사람들이 생각났다. 죽음에 대한 슬픔과 죽은 자들을 편안하게 보내지 못한 고통은 이 지진에서 생존한 사람들이 죽을 때까지 가져갈 숙명과도 같다는 생각이 들었다.

안타키아를 떠나는 날, 버스 안에서 한동안 여러 생각에 휩싸였다. 그리곤 스스로 자문해 볼 수밖에 없었다.

'나는 이곳에 와서 정말 최선을 다했는가?
떳떳하게 이곳을 떠날 수 있는가?
구조대원으로서 튀르키예 지진 피해 대응 현장에서
최선을 다했다고 말할 수 있는가?'

02 튀르키예 국민이 보여준 우정

　2일 차 아침 숙영지에 처음 보는 트럭들이 들어왔다. 튀르키예 재난·비상관리 당국 관계자라고 소개한 그는 위문품으로 생수와 빵, 컵라면 박스를 가득 내려주고 갔다. 피해 지역에 들어가는 위문품 같은 느낌이었다. 위문품이든 뭐든 우리도 물과 먹을 것이 필요했다.

　컵라면이 왔다는 소식에 대원들은 환호했다. 그리고 우리가 여기 있다는 걸 잊지 않은 튀르키예 정부에 감사했다. 빵은 바게트와 난이었는데 큰 비닐봉지에 넣어 줬다. 비닐이 찢어진 빵들은 위생 문제로 폐기했다.

　컵라면은 작은 컵으로 세 가지 맛이 있었다. 그중 유독 치킨 맛 컵라면이 인기 있었다. 튀르키예에 도착해서 첫 끼로 그 컵라면을 먹은 대원들도 있었다. 대원들 사이에서 즉석밥과 함께 먹으면 맛있다고 소문이 날 정도였다.

▪ 튀르키예측 지원 물품

　이번 지진으로 튀르키예 정부에서는 81개 주 가운데 지진 피해가 없는 주에서 지진 피해가 있는 주를 지원하는 계획을 발표했다. 하타이주는 81개 주 중 북쪽에 있는 코자엘리주에서 지원받았다.

우리와 같은 숙영지를 편성하고 있는 재난·비상관리 당국이 알고 보니 코자엘리주에서 지원 나온 공무원과 인력들이었다. 숙영지를 함께 사용하면서 밤이 되면 모닥불을 피워 추위를 함께 이겨냈다. 서로에게 궁금한 게 있을 땐 짧은 영어와 번역기 애플리케이션으로 대화를 나눴다.

대부분 자신의 직업과 자신이 하는 일, 여자 친구 이야기를 많이 했다. 튀르키예 사람들 대부분은 사교성이 좋고 배려심이 많았다. 총영사관 관계자가 "튀르키예 사람들은 계산적이지 않다"고 말해줬다. 우리나라처럼 내가 밥을 한번 사면 상대방이 한번 사는 사고방식이 아니라는 것이다. 좋은 사람에게는 다 퍼주지만 자존심을 건드리는 말과 행동을 해서는 안 된다고 했다.

안타키아에 도착한 날부터 우리에게 없어선 안 될 것이 하나 생겼다. 바로 깡통 모닥불이었다. 영하의 기온에서 유일하게 따뜻함을 느낄 수 있는 선물이었다. 잠들기 전 모여 몸을 녹일 수 있고 운영반과 물류반이 밤새 숙영지를 지키는 동안 든든한 친구가 됐다. 튀르키예 사람들과 친해질 수 있는 매개체이기도 했다.

24시간 중 20시간 이상 불을 피워야 했다. 그러다 보니 숙영지 주변에서는 태울 수 있는 것들은 다 태웠다. 친해진 튀르키예 동생들에게 장작이 필요하다고 하니 픽업 차량으로 한가득 가져다준 일화도 있다.

튀르키예는 홍차를 많이 마시는 나라다. 코자엘리주에서 지원 나온 공무원의 숙영지 한 칸 휴게실에는 홍차를 끓이는 기계와 관리하시는 분이 계셨을 정도다. 이라크 파병 때 많이 마셔본 경험이 있는지라 찾아가서 한 잔을 부탁했다. 멋쟁이 콧수염의 할아버지가 웃으시며 차를 내주셨다.

그 후 모닝커피 대신 모닝 홍차를 자주 마셨다. 우리 대원들이 그 앞을 지나가면 홍차를 권하기도 했다. 홍차를 담당하시는 분과 영어로 의사소통은 되지 않았지만 서로의 눈빛과 마음은 무엇을 이야기하고 있는지 알 수 있었기에 그걸로도 충분했다. 나중에 그곳에 튀르키예 국기를 달아 놓으셨는데 우리가 태극기를 선물로 드리자 튀르키예 국기 옆에 태극기를 함께 걸어 두셨다.

- 우리를 하나로 만들어 준 모닥불

- 태극기와 튀르키예 국기

첫날 가져오지 못한 물류가 2, 3차로 나눠 들어올 때면 코자엘리주 공무원들은 가지고 있는 전천후 중장비로 무거운 물품을 내려줬다. 중장비의 이름은 모르겠지만 한국식 불도저, 지게차, 굴착기 기능을 다 갖추고 있었다.

■ 전천후 중장비

우리가 떠날 때도 물품을 화물차에 적재해 줬다. 떠날 때 우리는 남은 등유와 휘발유, 핫팩을 선물했다. 안타키아 대부분의 주유소가 문을 닫아 기름을 구하기 힘들다는 이야기를 들었다. 많은 양은 아니지만 기름을 선물로 드리며 그간 도와줘서 고맙다는 감사의 인사도 함께 전했다.

수색·구조 2일 차에 한 명의 튀르키예 젊은 남자가 찾아왔다. 처음엔 경계심을 가지고 찾아온 이유를 물었다.

"이스탄불에서 고등학교 영어 선생님으로 근무하고 있어요.
튀르키예를 위해 영어 통역 봉사를 하러 왔습니다.
함께 온 봉사자는 차가 있어서 기동도 가능해요"

우린 통역이 절실했고 차량도 부족한 시기였다. 선택의 여지가 없었다. 어떻게 보면 행운이었다. 그는 구조반과 함께 현장에 출동해 통역을 지원해 줬다. 게다가 매일 2회 참석하는 UCC 회의장까지 자신의 차량으로 데려다 줬다.

다음 날 또 한 분의 중년 남성이 찾아왔다. 그분도 고등학교 영어 선생님이었다. 우리는 그분에게 숙영지에서 머무르며 현지 주민이 찾아와 구조 요청을 하면 통역을 해달라고 부탁했다. 현장 지휘소가 너무 좁아 앉을 자리가 없어 양해를 구했다. 그러자 자신에게 신경 쓸 필요가 없다며 농구 골대 쪽에 있겠다고 했다. 그분은 며칠 동안 농구 골대 아래에 앉아 계셨다. 우리가 식사를 권해도 거절했다. 그러다 밤이 되면 사라지고 아침에 또 나타났다. 어디서 자고 먹는지 물어볼 시간도 없었다. 총영사관에서 한국어가 가능한 현지 통역인이 지원되기 전까지 해외긴급구호대를 위해 고생해 주셨다. 고맙다는 인사도 하지 못하고 헤어졌는데 훗날 다시 만날 기회가 된다면 그때 정말 고마웠다는 감사의 인사를 전하고 싶다.

수색·구조 활동 5일 차에는 이스탄불에서 한식당을 운영하시는 재외국민 한 분이 찾아오셨다. 당시 지진 피해로 도로망이 파괴돼 앙카라에서 안타키아까지 오는 데 12시간 이상이 걸렸다. 사장님은 대한민국 해외긴급구호대가 튀르키예까지 왔는데 그냥 보낼 수 없다는 생각에 정성스럽게 만든 불고기와 따뜻한 쌀밥, 그리고 그리운 김치를 가지고 그 먼 길을 달려오셨다. 4일간 즉석밥과 라면만 먹다 보니 소화가 잘 안 됐다. 변비가 생긴 대원도 있었다. 단백질 보충을 전혀 하지 못해 힘이 없다는 대원도 있었다. 불고기와 쌀밥, 김치는 그런 우리에게 큰 힘이 됐다. 121명이 두 끼를 행복하게 먹었다. 식사 중에 대원들끼리 훗날 앙카라를 방문하게 되면 이 한식당에 가서 밥을 먹자는 이야기를 나눴다. 하지만 연락처도 주지 않고 조용히 사라진 사장님께 해외긴급구호대 전 대원을 대신해 감사 인사를 올린다(2024년 3월 30일 YTN '글로벌 NOW' 프로그램에서 사장님을 뵙게 돼 책을 내기 전 성함을 알 수 있었다. 김아람솔 사장님 감사합니다).

- 잊을 수 없는 김아람솔 사장님

　우린 하타이주 안타키아에서 임무를 종료하고 안전지역인 아다나주 내 가장 큰 도시인 아다나에서 개인 정비 후 귀국하기로 했다. 버스로 3시간쯤 이동해 도착한 아다나는 지진과 전혀 상관없는 평화로운 도시였다.

　도로가 좁고 차량이 많아 숙소까지는 버스가 진입하지 못했다. 큰 길가에 내려 개인 가방을 챙겨 숙소로 걸어갔다. 우리의 주황색 옷이 현지 주민의 눈길을 사로잡았는지 길거리 카페에서 커피와 식사를 즐기던 누군가가 소리를 쳤다.

　무슨 말을 하는지 알 수 없었지만 카페에 앉아 있는 사람들이 손뼉을 치며 환호해 줬다. 솔직히 그때는 무슨 상황인지도 모른 채 그냥 숙소로 들어갔다. 숙소에 도착하니 숙소 관계자가 갑자기 우리에게 카네이션을 한 송이씩 주며 감사의 말을 전했다.

　1만km 떨어진 아시아 동쪽의 작은 나라 대한민국에서 튀르키예의 지진 피해 대응을 위해 단숨에 달려왔고 자국민을 구해준 것에 대한 감사의 표현임을 우린 알 수 있었다.

● 숙소 관계자에게 받은 카네이션

지진 피해 지역 주민이 안전한 아다나로 몰리면서 숙소를 구하기가 쉽지 않았다. 겨우 구한 숙소에 도착했을 땐 체크아웃하는 시간과 겹쳐 로비에서 기다려야 했다. 그때 중년의 여성들이 다가와 대한민국 구조대가 맞냐면서 함께 사진을 찍고 싶다고 했다. 사진 촬영 후 그들은 "튀르키예 사람들을 구해줘서 고맙다"는 감사의 인사를 전했다.

가족 여행 중인 아이들과도 사진을 찍었다. 부모가 아이들을 대신해 대한민국에 감사의 마음을 전했다. 조금 전까지 피곤했던 몸과 마음이 튀르키예 사람들의 감사와 환대로 충전되면서 피곤함이 사라졌다.

저녁 식사 후 생필품을 사기 위해 숙소 인근 마트를 방문했다. 물건을 고른 후 계산대에서 기다리는데 한 할머니께서 다가오셨다.

"대한민국 구조대가 맞나요?
너무 고마워서 제가 다 계산하고 싶어요"
"저흰 해야 할 일을 했을 뿐이에요.
이렇게 형제의 나라에 도움을 줄 수 있어 오히려 감사드려요"

말이 끝나기가 무섭게 할머니는 덩치 큰 구조대원을 껴안고 눈물을 흘리셨다. 구조대원도 더 많은 사람을 구하지 못해 죄송하다고 말하자 마트 계산대는 눈물바다가 됐다. 마트 내에서 이 모습을 지켜보던 사람들이 우리를 향해 박수와 환호를 보내줬다.

그날, 그 시간, 그곳에 있던 모든 사람이 대한민국과 튀르키예는 형제의 나라임을 다시 한번 실감했다. 지금도 그때를 생각하면 눈시울이 뜨거워진다. 대한민국 해외긴급구호대의 진짜 힘은 사람이 사람에게 감동을 줘 국가 브랜드를 높이는 데 있지 않을까. 다시 말하면 우리 구조대원들의 헌신적인 구조 활동이 튀르키예 국민을 감동시키고 그 감동의 힘이 대한민국의 품격과 위상을 높이는 것이다.

03 튀르키예를 떠나는 순간 눈물바다

튀르키예 지진 피해 대응을 위해 소집된 대한민국 해외긴급구호대는 2023년 2월 8일 오전 1시 12분(한국시각)에 인천국제공항을 떠났다. 그리고 수색·구조 활동을 종료한 후 2월 17일 오후 2시(현지시각)에 튀르키예 아다나공항을 떠났다.

우리가 튀르키예에서 행한 모든 구조 활동이 아쉬움으로 남는 순간이었다. 더 많은 생존자를 구하지 못한 점, 더 많은 희생자를 수습하지 못한 점, 더 열심히 현장을 수색하지 못한 점, 더 친절하지 못한 점 등 모든 것이 각자의 기억 속에 아쉬움으로 남았다.

숙소에서 공항으로 이동하면서 우리 버스는 다른 숙소에서 휴식한 대원들을 태워 이동했다. 버스 화물칸에서 대원들의 짐을 정리하던 중 태국 구조대를 만났다.

"Korea Rescue Team
(코리아 레스큐팀)"

그들의 첫 번째 말이었다. 나는 고개를 끄덕이며 '맞다'는 사인을 보냈다. 그러자 그곳에 있던 6명의 태국 구조대원이 모두 엄지손가락을 치켜 올렸다. 아마 그들도 우리 구조대가 이룬 성과를 알고 있지 않았을까.

태국 구조대와 함께 활동한 적은 없지만 이곳 튀르키예 지진 피해 현장에서 생존자 구조라는 한 가지 목표를 두고 활동했던 것만으로 민족과 언어는 더 이상의 장벽이 되지 않았다. 태국 구조대원과 함께 사진을 찍고 받진 못했지만 그들은 대한민국 해외긴급구호대의 우수성과 성과를 높이 평가하고 있다고 믿어 의심치 않는다.

아다나공항은 우리가 생각했던 것보다 훨씬 작았다. 우리가 아다나공항으로 착륙하지 못한 이유도 그제야 알 것 같았다.

공항에 도착하니 출국하는 외국 구조대원과 현지인들로 붐볐다. 우린 대사관의 도움을 받아 공항 청사 입구 검색대를 신속하게 통과했다. 작은 대합실은 대한민국 해외긴급구호대의 주황색 출동복으로 가득했다. 공항을 이용하는 튀르키예 국민의 시선이 우리에게 고정됐다. 처음엔 낯설고 어색했지만 곧 반전이 일어났다.

- 아다나공항 출국 심사

- 아다나공항 대합실

출국 심사를 기다리는 줄 사이에 끼어 있던 현지 주민들이 우리와 사진을 찍고 싶어 했다. 우린 멋지게 모델이 돼주고 인사도 나눴다. 아이부터 할머니까지 모두 우리 대한민국 해외긴급구호대의 팬이었다. 출국 심사를 마치고 출국장에서 기다리는 동안 공항 관계자들은 깜짝 환송을 해줬다.

▪ 공항 관계자의 환송

　공항에서 근무하는 분들은 튀르키예 전통 디저트를 선물해 줬다. 정확히 어떤 제품인지 모르겠지만 한국에서 먹는 곶감 같았다. 작은 선물이었지만 우리를 잊지 않고 챙겨주는 마음에 감사했다.

　작은 공항의 작은 출국장에는 우리가 앉을 수 있을 만큼의 의자가 없었다. 현지인들과 어울려 의자와 바닥에 앉아서 우리를 고향으로 데려 갈 공군의 공중급유기를 기다렸다.

　튀르키예어로 청사 내 안내 방송이 나왔다. 당연히 비행기 탑승에 대한 안내인 줄 알았다. 방송이 종료되자 출국장에 있던 튀르키예 국민이 일제히 일어나 우리에게 큰 박수와 환호를 보내줬다. 정말 가슴 뭉클한 순간이었다. 우린 연신 고개를 숙이며 답례의 인사를 드렸다. 튀르키예 사람들과 한 공간에 있으면서 어색했던 분위기가 급반전되는 순간이었다.

　출국장에서 가장 인기 있는 친구는 뭐니 뭐니 해도 구조견이었다. 구조견이 있는 곳에는 현지인들이 많았다. 그중 최고 손님은 꼬마 친구들이었다. 구조견들은 기꺼이 자신의 자태를 뽐내며 꼬마 친구들과 사진을 찍어주고 애교도 부렸다.

▪ 구조견과 튀르키예 아이들

해외긴급구호대 2진이 입국한 수송기로 다시 출국하다 보니 시간이 지체됐다. 하지만 기다리는 시간만큼 튀르키예 사람들과 정을 나눌 수 있었다. 시간이 흘러 현지인들이 비행기에 탑승하기 위해 줄을 서기 시작했다. 그때 청사 내에 또 한 번의 안내 방송이 나왔다.

이번에는 진짜 현지인들에게 비행기 탑승 안내 방송을 하는 줄 알았다. 그런데 갑자기 줄을 서 있던 현지인들이 또 한 번 우리에게 큰 박수를 보내줬다. 눈물이 날 것 같아 눈을 감고 감정을 다스렸다. 우리가 행한 조그마한 일로 이토록 큰 박수를 받는다는 게 얼마나 가슴 벅찬 일인지 알게 됐다.

박수의 감동이 가시기도 전에 우린 먼저 출국장 밖 활주로로 이동하기 시작했다. 활주로 저 멀리 대한민국 공군의 공중급유기가 보였다. 활주로 반대편에 착륙해 있어 튀르키예 공항 측에서는 버스로 우리를 안전하게 공중급유기가 있는 곳까지 태워줬다.

아주 작은 공항에서 받은 감동은 지금도 뇌리에 생생하게 기억난다. 버스가 대한민국 공군 공중급유기에 가까워질 무렵 공군 비행복을 입은 공중급유기 관계자가 우리를 맞이해 줬다. 집으로 간다는 기쁨과 구조 활동의 아쉬움을 남기고 튀르키예에서 마지막 우리들의 사진을 남겼다.

■ 대한민국으로 돌아갈 준비 중인 공중급유기

그리고 튀르키예 정부 관계자와 국회의원, 대사관, 해외긴급구호대가 공군의 공중급유기를 배경으로 공식적인 마지막 사진을 찍었다.

■ 튀르키예 지진 피해 대응 파견 마지막 사진

검게 그을린 얼굴, 덥수룩한 머리카락과 수염을 제외하면 처음 출발 때의 모습과 비슷하지만 표정만은 출발할 때와 달랐다. 고향에 대한 그리움과 가족을 만날 수 있다는 희망이 담겨있었다.

우리를 다시 대한민국으로 데려다줄 공중급유기에 탑승하면서 튀르키예 정부 관계자들과 악수를 했다. 서로에 대한 감사의 마음을 전하는 것도 잊지 않았다.

▪ 대한민국 해외긴급구호대 출동복에 부착된 뱃지

마지막에 주 튀르키예 대사와 악수하면서 태극기와 튀르키예 국기가 함께 있는 배지를 선물로 받았다(안타키아를 떠날 때 대사관 관계자 옷깃에 있는 걸 보고 우리가 떠날 때 선물로 받고 싶다고 요청했다).

 이 배지는 '튀르키예와 대한민국은 과거에도, 현재에도, 미래에도 형제로서 도움을 주고받는다. 지진 현장에서 보여준 여러분들의 열정은 무너진 튀르키예 국민에게 희망을 다시 심어 줬다'는 의미를 담고 있었다.

 전 대원이 탑승을 완료하고 좌석에 앉았다. 이곳저곳에서 안도의 한숨이 들려왔다. 기내에서 안내 방송이 나왔다.

"고생하신 여러분을 위해 튀르키예 국민이
감사의 인사를 영상으로 만들었습니다"

▪ 튀르키예 국민의 영상 편지

영상은 좌석 가운데 있는 대형 모니터에서 나왔다. 영상 속 튀르키예 사람들은 우리와 함께 현장에서 동고동락했던 현지 통역인과 튀르키예 한국 연대 플랫폼 관계자, 우리가 도움을 준 이들의 가족이었다.

영상은 전반부부터 대원들의 눈시울을 뜨겁게 했다. 영상을 보면서 그들의 마음이 진심임을 알았다. 후반부로 가면서 앞쪽에 앉아 있던 국군의무사령부 소속 간호 장교들이 눈물을 흘렸다. 그 눈물의 의미는 '더 많은 사람을 구하지 못하고 떠나는 우리의 아쉬움'이었다.

영상의 끝에 나온 "더 좋은 날, 꼭 다시 만나기를 바랍니다. 안녕히 가십시오"라는 문구에 참았던 눈물이 터졌다. 한동안 기내는 흐느낌과 정숙만이 흘렀다. 모두 각자 나름의 방식으로 지난 시간을 돌아보고 있었다.

튀르키예 지진 피해 지역이 재건된 날 다시 안타키아를 찾아오고 싶다는 강한 의지가 생겼다. 그날을 기대하며 튀르키예에 신의 은총이 함께 하길 기도했다.

04 서울공항에서 두 번째 환영식

우리는 아다나에서 귀국을 준비했다. 흙먼지와 땀에 찌든 몸을 씻고 수염도 정리했다. 양치질도 개운함을 느낄 때까지 여러 번 했다. 더러워진 주황색 출동복도 세탁했다. 고생한 기동화는 물티슈와 물로 닦아내고 준비해 간 구두약으로 마무리했다. 내일이면 그리운 나의 조국 대한민국으로 돌아가 사랑하는 가족들을 만날 수 있다는 생각에 가슴이 설레었다.

아다나공항에서 국방부가 제공해 준 KC-330 공중급유기는 대한민국으로 힘차게 날아올랐다. 공중급유기 창밖 아래로 보이는 튀르키예 아다나는 평온하기 그지없었다. 고도가 높아지면서 귀가 먹먹해졌다. 잠시 눈을 감았는데 안타키아에서 가족과 집을 잃은 이들의 울음소리가 들리는 것 같아 눈을 떴다. 튀르키예 하늘에서 마지막 깊은 호흡을 하며 지난 시간을 회상했다. 한국을 떠나는 순간부터 지금까지 한 편의 영화를 보듯이 생생하게 기억이 났다. 그리고 훗날 안타키아를 다시 방문했을 때 폐허였던 도시가 사람이 넘쳐나고 아이들의 웃음소리가 울려 퍼지는 곳으로 변해 있길 기원했다.

처음 튀르키예에 타고 온 공중급유기와 동일 기종이었지만 서비스가 눈에 띄게 좋아졌다. 좌석에는 개인별 슬리퍼와 담요가 있었다. 피로회복제와 음료는 물론 기내식도 민간 항공기처럼 따뜻한 식사와 함께 디저트까지 나왔다. 밥과 반찬을 양껏 먹으니 배가 불렀다. 곧바로 졸음이 밀려왔다. 잠시 눈을 감았다. 얼마나 잤는지 알 수 없었다. 비몽사몽 정신을 못 차리는 찰나 기내 안내 방송이 나왔다.

"우리 공중급유기는 잠시 후 서울공항에 착륙하겠습니다"

잠시 후 비행기가 착륙을 위해 하강하기 시작했다. 창밖으로 보이는 서울의 날씨는 흐렸다. '쿵'하는 소리와 함께 공중급유기는 활주로의 품에 안겼다. 속도를 줄인 공중급유기는 서울공항 청사 방향으로 기수를 돌려 천천히 이동했다.

우린 2월 17일 오후 3시 튀르키예 아다나공항을 출발해 한국시각 2월 18일 오전 6시 48분께 서울공항에 도착했다. 안전하고 살기 좋은 대한민국에 왔다는 사실에 기뻤고 가족을 만날 수 있다는 기대에 대원들의 얼굴에는 미소가 번졌다. 대한민국의 겨울 아침은 아직 어둠이 걷히지 않았다. 흐린 날씨와 어두움으로 외부에 얼마나 많은 사람이 우릴 기다리고 있는지 알 수 없었다.

공중급유기가 정지하고 앞쪽 좌석에 앉은 대원부터 개인 가방을 챙겨 내리기 시작했다. 출입구에서 불어 들어오는 차가운 바람이 아직 튀르키예에 있는 듯했다. 나는 맨 뒷자리에서 내릴 순서를 기다리며 2007년 3월 이라크평화재건사단(자이툰) 5진 파병 복귀 때를 회상했다.

▪ 아프가니스탄에서 폭탄테러로 사망한 고 윤장호 하사의 유해가 특별기편으로 2일 오전 경기도 성남 서울공항에 도착, 운구병들에 의해 옮겨지고 있다. | 출처 연합뉴스(2007. 3. 2.)

자이툰 파병 5진 임무를 종료하고 쿠웨이트 알리 알 살렘 공군기지에서 즐거움에 들떠 귀국을 준비하고 있을 때였다. 2007년 2월 27일 아프가니스탄에 파병된 다산부대 소속 故 윤장호 하사가 미군의 바그람 기지 위병소에서 탈레반의 자살폭탄테러로 전사했다. 수습된 유해가 쿠웨이트 알리 알 살렘 공군기지로 운구됐다. 그리고 3월 2일 자이툰 5진과 함께 그리운 조국 대한민국으로 귀국했다.

국방부 군악대와 의장대가 유해를 수도통합병원으로 운구했다. 우린 유해가 완전히 서울공항을 떠날 때까지 비행기에서 고인을 추모했다. 전사한 전우에 대한 슬픔과 귀국에 대한 환희가 공존하는 서울공항이었다.

하지만 오늘 서울공항은 환희로 넘쳐났다. 외교부 2차관, 소방청장 직무대리, 육군참모총장, 공군정보작전본부장, 주한튀르키예 대사 등 정부 관계자와 언론매체에서 대한민국 해외긴급구호대 귀국을 환영해 주기 위해 모였다. 대열을 정비하고 해외긴급구호대장의 복귀 보고 후 주요 인사들의 격려사가 이어졌다.

귀국 보고(긴급구호대장, 2.18.)

튀르키예 지진 피해 지원 해외 긴급구호대 귀국 보고 드립니다.
보고에 앞서 가족과 친구를 잃은 튀르키예 유가족들에게
우리 구호대를 대표하여 깊은 애도를 표합니다.
우리 118명 해외긴급구호대는 2.7.(화) 자정 인천공항을 출발,
총 10일간의 구호 활동을 마치고 2.18.(토) 07시 복귀하였음을 보고합니다.
우리 구호대는 활동 기간 중 튀르키예 안타키아 지역에서
총 8명의 생존자를 구조하고 19구의 시신을 수습하였습니다.
구조 활동 중 일부 대원이 타박상 등 부상을 입기도 하였으나 적시 치료를 실시하였고
현재 (선발대를 포함한) 120명 구호대 전원 건강상태는 양호함을 보고합니다.
모든 구호대원이 하나가 되어 한 명이라도 더 구조하겠다는 일념으로 구조 활동을 전개하였습니다.
성원해 주신 모든 분께 감사드리고 특히 구호대 활동을 적극 지원해 준
튀르키예 국민 여러분 및 정부 당국자들께 감사드립니다.

환영식이 성공적으로 마무리되고 대한민국 해외긴급구호대는 해산했다. 튀르키예 지진 피해 현장에서 생존자 8명을 구조하고 당당하게 귀국한 해외긴급구호대 활약은 며칠 동안 언론의 조명을 받았다.

▪ 서울공항 환영식

▪ 소방청 중앙119구조본부 국제구조대 61명

05 대한민국 해외긴급구호대의 성과

대한민국 해외긴급구호대는 2023년 2월 9일부터 14일까지 형제의 나라 튀르키예 하타이주 안타키아에서 총 46회의 수색·구조 활동으로 8명의 생존자(남 4, 여 4)를 구조했고 19명의 사망자를 수습했다.

구분	합계	2. 8. (1일 차)	2. 9. (2일 차)	2. 10. (3일 차)	2. 11. (4일 차)	2. 12. (5일 차)	2. 13. (6일 차)	2. 14. (7일 차)	2. 15. (8일 차)	2. 16. (9일 차)	2. 17. (10일 차)	2. 18. (11일 차)
생존자 구조	8 (남 4, 여 4)	-	5 (남 3, 여 2)	-	3 (남 1, 여 2)	-	-	-	구조 활동 종료 / 아다나 이동	귀국 준비	귀국	한국 도착
사체 수습	19	-	9	4	5	-	1	-				
수색 현황	46	-	13	10	10	9	2	1				

■ 일자별 구조활동 현황

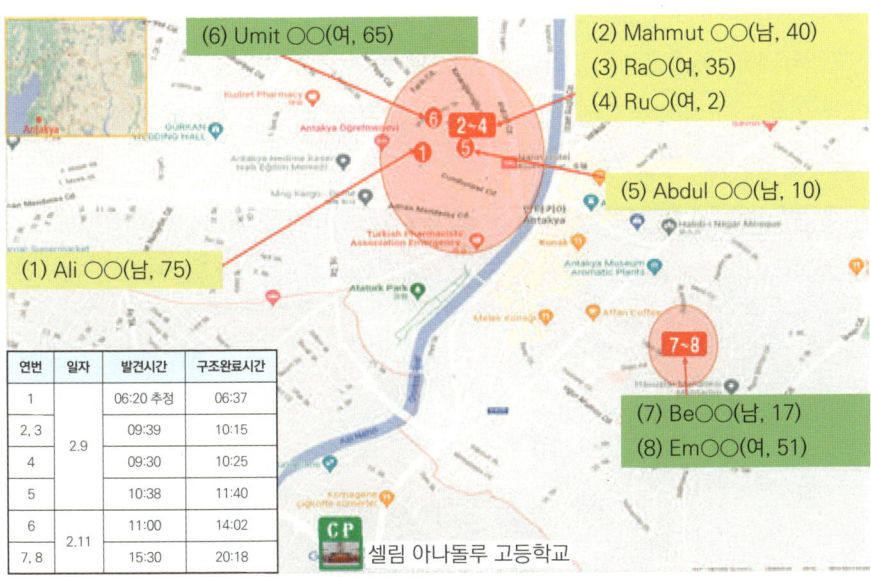

■ 생존자 구조 위치(소방청 자료)

UCC로부터 안타키아 지역 '섹터-I' 구역을 배정받아 최선을 다해 구조 활동을 했다. 지리적 단점을 보완하기 위해 휴대전화 구글맵 좌표를 활용했고 현지 통역사와 운전기사 등 인적 정보를 총동원해 어려운 상황을 슬기롭게 해결했다.

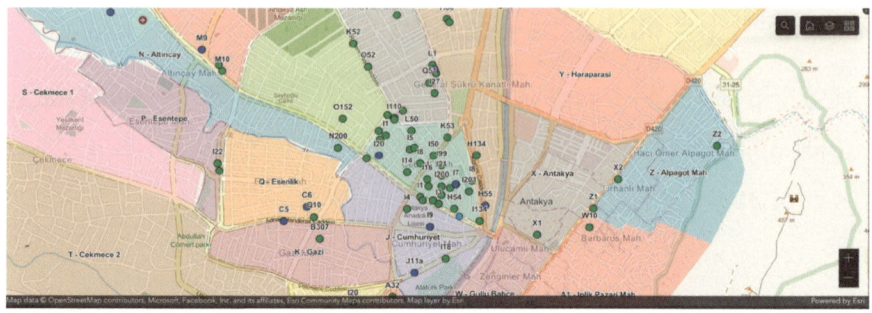

▪ 수색·구조활동 지점

　휴대전화 기반의 Survey123 애플리케이션의 워크사이트 리포트와 워크사이트 트리아지를 이용해 우리가 수색·구조 활동을 한 지점과 결과를 저장했다. 이는 한 구조대원의 끈질긴 집념으로 만들어진 우리의 정보이자 자산이었다.
　Survey123 애플리케이션과 연동된 ICMS에서는 대한민국 해외긴급구호대가 튀르키예 지진 피해 현장에서 활약한 내용을 전 세계 구조대가 볼 수 있었다.

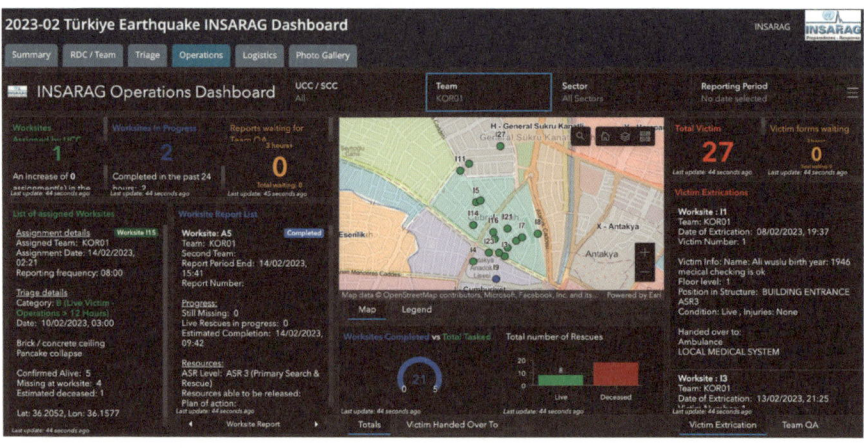

▪ ICMS 최종 구조 현황

　대한민국 해외긴급구호대는 2007년 '해외긴급구호에 관한 법률' 제정 후 처음으로 생존자를 구조했다.

1999년 9월 대만 지진 피해 대응에 국제구조대가 파견돼 생존자 1명을 구조한 이후 32년 만에 생존자 8명을 구조하는 값진 성과를 거뒀다.

 이렇게 큰 성과를 낼 수 있었던 건 골든타임을 놓치지 않고 재난 현장에 도착할 수 있도록 신속한 파견을 결정해 준 정부 덕분이다. 또 튀르키예 재난 현장에 파견된 해외긴급구호대와 주 튀르키예 대사관·총영사관, 대한민국에서 24시간 지원해 준 외교부, 코이카, 소방청, 중앙119구조본부, 국방부, 기타 관계 기관의 유기적인 도움이 있었기 때문에 가능했던 일이다. 무엇보다도 해외긴급구호대원 121명의 가족과 대한민국 국민의 지지와 응원이 있어 어려운 환경에서 최고의 성과를 낼 수 있었다.

 1950년 6월 25일 한국전쟁 발발 직후 가장 먼저 대한민국의 자유민주주의 수호를 위해 달려와 준 형제의 나라 튀르키예. 그때의 감사함을 73년이라는 긴 시간이 흐른 지금 이번 해외긴급구호대 활동으로 조금이나마 보답이 됐으면 하는 바람이다.

 어느 날 같은 숙영지를 사용하던 현지인이 휴대전화를 들고 와서 유튜브 영상을 보여줬다. 전반부는 한국전쟁 당시 튀르키예 군인이 대한민국 아이들에게 도움의 손길을 내미는 영상이었다. 후반부에는 대한민국 해외긴급구호대원이 튀르키예 아이들에게 도움의 손길을 내미는 내용으로 이어졌다.

• '튀르키예, 마음만은 무너지지 않길' 만화 일러스트레이터 명민호

지금의 상황과 딱 맞는 영상이었다. 당연히 튀르키예 국민이 제작해 유튜브에 올렸다고 생각했다. 그래서 환한 웃음으로 영상을 보여준 분에게 엄지손가락을 치켜세웠다. 그분도 나에게 엄지 척을 해줬다.

아내로부터 같은 동영상을 받고서야 우리나라 작가가 만들었다는 사실을 알게 됐다. 그보다 더 놀라운 건 그 사람들이 어떻게 이 영상을 찾아서 내게 보여줬느냐는 사실이다.

휴대전화가 잘되지 않는 곳에서 구조 활동에 집중하다 보니 소셜 미디어 속에서는 이미 세계가 하나라는 사실을 간과하고 있었다. 임무가 종료되고 안타키아를 떠나기 전 특별한 선물을 튀르키예에 주고 싶다는 대원들의 건의를 받았다. 그래서 대원 모두가 기증한 텐트 한 동에 튀르키예 지진 피해 복구와 재건의 염원을 담은 글을 한 줄씩 작성했다. 이를 본 튀르키예 동생이 무슨 뜻이냐고 물었다.

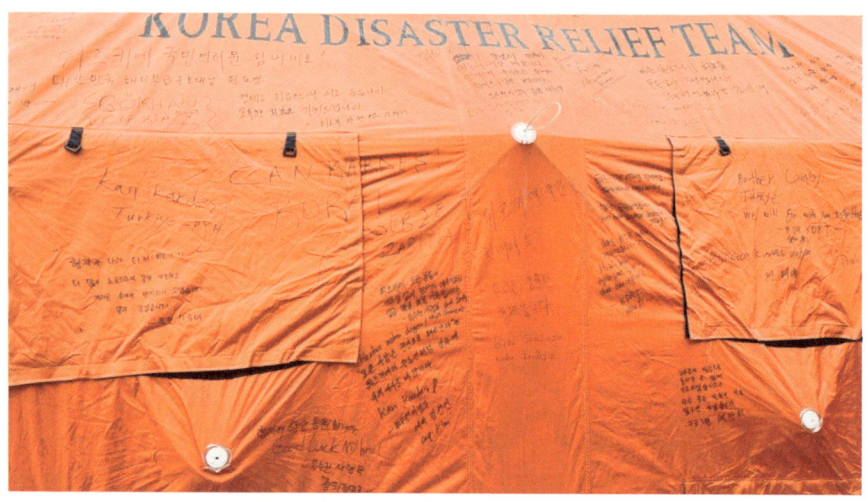

▪ 해외긴급구호대 대원들의 염원을 담은 글

"'튀르키예 국민이 지진 피해로 희망을 잃지 말고
어려운 시기를 잘 이겨내길 기원한다'는 우리의 소망을 적었어"

그러자 자기도 우리에게 고맙다는 인사말을 한국어로 쓰고 싶다고 했다. 모닥불 앞에서 함께 추위를 이겨낸 대원들이 튀르키예 동생에게 한글을 가르쳤다. 종이박스 조각에 '고마워 형'이라고 써주자 한 글자, 한 글자 정성스럽게 '고마워 형'이라고 썼다. 그것을 보고 있던 대원들이 튀르키예 동생에게 박수와 환호를 보냈다.

▪ 튀르키예 동생이 써준 한글 '고마워 형'

함께했던 추억과 인간애로 우린 하나가 됐다. 떠나는 날 아침 'THANKS♡ FOR COMING TO HELP DEAR KOREAN FRIEND♡'가 적힌 판자가 텐트 앞에 세워져 있었다. 전날 기증할 텐트에 새긴 우리의 염원에 대한 보답이 아니었을까.

민족도, 문화도 다르지만 해외긴급구호대가 보여준 열정과 인간애는 튀르키예를 감동하게 했다. 그리고 우리를 형제의 나라 사람으로 인정해줬다. 우리가 가는 곳마다 감사와 찬사를 보내줬다.

생존자 구조 현장에서의 박수와 환호, 숙소로 이동하면서 받은 길거리 박수와 카네이션, 마트에서 구조대원을 안고 눈물을 흘리던 할머니, 아다나공항 출국장에서의 감동은 평생 잊을 수 없는 추억이 됐다.

해외긴급구호대는 나라와 나라의 정치적 연결체인 동시에 국민과 국민의 연결체로 서로 하나가 된다는 사실을 이번 튀르키예 지진 피해 대응 파견으로 깨달았다.

06 해외긴급구호대의 시사점과 앞으로의 과제

나는 2015년 군사경찰 소령으로 진급한 후 가족의 행복을 위해 18년간의 군 생활을 마무리하고 전역했다. 이후 가정과 사회의 안전을 지키기 위해 2016년도 중앙119구조본부에 소방사 경력 채용으로 신규 임용됐다.

군 생활간 각종 훈련 중 문제점이 발견되면 그것을 개선해 전투력을 높이는 게 내게 주어진 임무 중 하나였다. 큰 문제를 개선하면 대통령 표창이라도 받겠지만 작은 것부터 하나하나 개선해야 큰 문제를 해결할 수 있는 내공이 생긴다고 믿었다.

이번 튀르키예 지진 피해 대응 해외긴급구호대 파견도 새로운 도전과 경험이었음을 부정할 수 없다. 최단, 최대 등 많은 수식어구가 붙은 이번 대한민국 해외긴급구호대에 대한 평가가 필요하다고 생각해 임무 수행 중 틈틈이 우리의 문제점이 무엇인지를 메모했다. 귀국 후에는 문제점과 개선 사항을 구체적으로 작성했다.

몇몇 선후배분에게 이 내용을 외교부에 전달하고 싶다고 말했다. 돌아온 답변은 반반이었다. "좋은 내용이다", "아니다. 괜히 긁어 부스럼 만들지 말라" 등 의견이 분분했다. 하지만 다음에 또 우리가 해외긴급구호대 또는 국제구조대로 파견될 때 이번처럼 힘들게 임무 수행을 한다면 훗날 후배 소방관들은 선배 소방관들을 어떻게 평가하겠는가. 갔다만 오고 발전이 없으면 안 가니만 못하지 않겠는가.

혼자 독박을 쓰겠다고 마음을 먹었다. 직접 만든 문서를 외교부에 전달하기로 결심했다. 2월 23일 외교부 장관 주관 오찬에서 외교부 장관과 함께 튀르키예에서 고생한 다자협력국장, 우리와 가장 많이 소통한 사무관에게 문서를 주고 싶었다. 하지만 정제되지 않은 개인의 의견이 또 다른 문제를 일으킬 수 있다는 생각에 끝내 외교부 장관에게는 드리지 못했다. 대신 튀르키예에서 함께 고생하고 현장 이해도가 높은 다자협력 국장에게 문서를 전달하기로 했다.

그러나 그것도 쉽지 않았다. 결국 함께 간 사무관에게 문서를 전달하고 꼭 반영해 주기 바란다는 말을 남기면서 외교부 정문을 나섰다.

"장관님! 이거 한 번만 읽어 봐주십시오" 이 말을 못 한 자신이 처량해 보였다. 앞으로 남은 사후강평에서 어떻게 조명될지 모르지만 개선이 필요한 부분은 꼭 반영되길 기원한다. 아홉 가지 개선 사항을 간략하게 요약하면 아래 두 가지로 압축된다.

첫째, 임무에 맞는 조직과 사람이다. 해외긴급구호대 파견 결정은 외교부 소관이지만 실질적으로 코이카 담당자 1명과 중앙119구조본부 국제업무 담당자가 많은 업무를 처리했다(여기서 업무처리란 평시 장비 관리와 대원 역량 강화 등 교육훈련, 인사락 업무 등을 말한다).

예산은 코이카가 집행하지만 장비 유지관리와 교육훈련, 인사락 재등급 평가 등은 중앙119구조본부에서 전담한다. 머리는 외교부인데 머리의 지시 없이 오른손과 왼손이 알아서 움직이고 있으니 종합적인 사고와 판단이 어렵다는 생각이 들었다. 그래서 개선할 방법이 무엇일까 고민해 봤다.

해외긴급구호대와 국제구조대의 활동을 조정·통제할 수 있는 부서를 외교부 다자협력국 예하에 만들면 어떨까. 외교부와 코이카, 중앙119구조본부 담당자가 한 공간에서 근무하면 더 효율적이지 않을까 하는 생각이 들었다.

둘째, 예산지원이다. 해외긴급구호대 운영 관련 코이카 연간 예산이 얼마인지 모르겠지만 장비 유지관리에 투자가 필요하다. 이번 파견에서는 2011년 일본 대지진, 2015년 네팔 지진 출동 이후 구매된 장비를 활용했다. 대부분 내용연수(수명)가 지난 장비들이라 고장률이 높았고 사용에 어려움이 있었다. 외국 구조대와 비교하면 성능 면에서도 떨어졌다.

예산지원은 일회성으로 그치면 안 된다. 장비가 도입되면 내용 연수가 종료할 때까지 유지관리 비용이 지속적으로 배정돼야 한다. 그리고 첨단장비는 사람 100명보다, 구조견 10마리보다 중요하다. 문제점이 무엇인지 알고 있다면 개선하는 시간과 노력을 절약할 수 있다.

외교부에서 어떻게 판단하고 문제점들을 개선할지 모르겠지만 빠른 진행이 필요하다. 킹던(J. Kindon)의 '정책의 창(Policy Window) 이론'[1]에 따라 튀르키예 지진 피해 대응에 대한 국민적 관심과 해외긴급구호대의 성과를 비춰볼 때 지금이 그 시점이 아닐까 생각한다(2023년 4월 외교부는 우리의 의견을 반영해 해외긴급구호대 신규 출동물자 구매를 위한 예산을 할당했고 12월 완료했다. 2024년부터는 물류, 교육 등 해외긴급구호대 역량 강화를 위한 예산도 증액됐다).

한 번도 사용하지 않았다고 해서 새것은 아니다. 모든 장비는 시간이 지나면 노후되고 계속해서 더 좋은 장비가 나온다. 내용 연수가 도래하면 과감하게 교체하고 새로운 장비를 찾는 노력을 게을리하지 말자. 최첨단 장비는 구조대원, 구조견보다 더 많은 인명을 구조할 수 있다는 걸 명심해야 한다.

▪ 2023년 대한민국 해외긴급구호대 최신 물자 도입

---

1) 문제의 흐름, 정치의 흐름, 정책의 흐름이 상호 독립적인 경로를 따라 진행되다가 어떤 계기로 서로 교차할 때 정책의 창이 열리고 정책변동이 이뤄진다고 본다.

마치며

    2023년 2월 6일 오전 4시 17분에 발생한 튀르키예 지진은 21세기 발생한 자연재해 중 다섯 번째로 많은 사망자가 발생했다. 사망 5만132명, 부상 12만 7400명, 이재민 200만 명, 경제적 피해는 약 342억 달러(44조5천억원)를 기록했다(2023년 2월 27일 기준).
    대한민국 해외긴급구호대 121명은 튀르키예 지진 피해 대응을 위해 2023년 2월 8일 오전 1시 12분께 공군의 KC-330 공중급유기로 인천공항을 이륙해 아시아의 서쪽 끝 형제의 나라 튀르키예로 향했다.
    가지안테프공항에 착륙해 이스켄데룬을 거쳐 최종 목적지인 안타키아에 도착했다. 가로등 하나 없는 어둠의 도시에서 우리는 수색·구조 활동을 전개했다. 길거리에는 시체들이 늘어서 있었고 무너진 건물에 깔린 시체도 여기저기서 볼 수 있었다.
    도시는 더 이상 사람이 살 수 있는 곳이 아니었다. 마치 폭탄을 맞은 것처럼 무너진 건물, 가족을 잃은 유가족들의 비명과 구급차 사이렌 소리로 가득했다.
    낯선 지역, 낯선 언어, 낯선 민족. 대한민국 해외긴급구호대에 유리한 것이라곤 어디에도 없었다. 여진의 위험지역에서 우린 8명의 생존자를 구조하고 19명의 사망자를 수습했다. 우리의 희생적인 노력은 튀르키예 국민을 감동시켰다. 그들은 우리를 코렐리 온 누마라(한국인 최고)라고 불렀다.
    안타키아에서 7일간의 구조 활동은 대한민국 해외긴급구호대의 우수성을 세계에 알렸지만 혈혈단신 튀르키예 지진 피해 현장을 돕기 위해 찾아온 한국 청년에 비하면 대한민국 해외긴급구호대는 너무나도 작게 느껴졌다. 나는 그 청년을 걸어 다니는 대한민국이라 말하고 싶다.

튀르키예 사람들이 보내준 존경과 사랑은 지금 생각해도 가슴이 뛰고 눈시울이 뜨거워진다. 그날의 환호와 박수, 할머니의 눈물, 좋은 날 다시 만나자던 마지막 인사. 튀르키예 국민이 보내준 사랑은 영원히 우리 마음속에 남을 것이다. 더 많은 사람을 구조하지 못한 죄송함과 아쉬움에 자꾸만 생각나는 이번 튀르키예 지진 피해 대응 파견은 죽어도 잊지 못할 내 젊은 날의 추억이다.

지진이 휩쓸고 간 안타키아 셀림 아나돌루 고등학교가 다시 학생들로 가득 차 그들의 웃음소리가 학교 담장을 넘어 대한민국까지 들리길 기원한다. 학교 앞 문방구 할아버지가 다시 학생들과 흥정하는 모습을 상상해 본다. 학교 운동장에서 공을 가지고 노는 학생들을 그려본다. 안타키아에 다시 사람들의 웃음소리가 울려 퍼지길 간절히 기도한다.

끝으로 파견 종료 후 해외긴급구호대의 발전을 위해 노력해 준 외교부 원도연 국장(현 주우즈베키스탄 한국대사)과 안한별 사무관(현 인도 한국대사관 2등 서기관)에게 깊은 감사를 드린다(안 사무관이 인도로 떠나기 전 '문제점과 개선 사항'에 대해 많이 개선했다는 말과 다 개선해 주지 못해 죄송하다는 말에 눈물이 날 것 같았다).

훗날 다시 찾은 안타키아에서 그날을 추억해 보길 바라본다.

삶과 죽음의 현장에서 몸소 느낀 교훈은 가족의 소중함이다. 아버지와 남편을 위험한 곳으로 보내고 마음 졸이며 보낸 시간에 대한 미안함을 갚기 위해 앞으로 더욱 건강하고 행복한 가정을 만들겠다고 다짐하고 또 다짐한다.

▪ 파견 복귀 직후 가족 사진

추천의 글

김영웅 | 국립중앙의료원 권역외상센터 흉부외과

김상호 대원을 처음 만난 곳은 캐나다 퀘벡주의 르벨-슈흐-께비용(La-bel-sur-Quevillon)이라는 작은 도시였다. 당시 우리가 소속된 대한민국 해외긴급구호대는 캐나다 산불 진화를 지원하기 위해 그곳에 파견됐다.

베이스캠프에서 김상호 대원과 동고동락하며 친해져 여러 이야기를 나눴는데 알고 보니 많은 구조 경험과 능력을 갖춘 구조대원이어서 놀랐다. 그런데도 전혀 티를 내지 않고 모든 일에 최선을 다하는 모습에 또 놀랐다.

그가 캐나다 전에 다녀온 튀르키예에 난 가지 못했었다. 구조팀이 귀국한 이후 몇 사람으로부터 간략히 전해 들었기에 그들의 노고를 막연히 짐작만 했을 뿐이었다. 그런데 이 책을 보니 당시 상황이 눈앞에 그려져 마치 내가 구조 현장 속에 있는 것 같았다. 모두 숨을 죽이고 귀를 기울여야만 들리는 아이의 울음소리, 무너진 건물의 잔해 사이로 보인 한 줄기 손전등 빛…. 읽는 동안 눈시울이 붉어지고 손에 진땀이 났지만 끝까지 멈출 수 없었다. 멈춰서는 안 될 것 같았다.

구조와 치료는 맞닿아 있다. 일상이 무너진 사람을 구조했기에 치료할 수 있고 치료했기에 비로소 일상으로 돌려보낼 수 있다. 난 권역외상센터에서 환자를 진료할 때마다 늘 구조대원이 있었을 현장을 상상한다. 김상호 대원과 다른 119 대원들, 그 외에 인명 구조에 종사하는 여러 직종의 사람들. 단단한 마음을 가진 사람들.

재해의 증가가 예상된다고 한다. 우리는 더욱 서로에게 의지할 것이며, 과거의 구조 현장으로부터 새로운 현장을 대비하려 할 것이며, 내일은 어제보다 더 잘하려 할 것이다. 그때 필요한 것이 '튀르키예 지진 7.8'이다.

파견 경험이 있기에 읽으며 더욱 알 수 있었다. 이 책은 현장에서 치열하게 고뇌하고, 좌절하고, 그런데도 희망을 찾으려 했던 사람만이 쓸 수 있는 소중한 기록이다. 김상호 대원에게 고맙다.

이형은 | 서울소방재난본부

  2023년 튀르키예 대규모 지진은 전 세계를 충격에 빠뜨린 안타까운 비극이었으며 그 피해는 상상을 초월했다. 이 책은 그 끔찍한 재난 현장에서 대한민국 해외긴급구호대원으로 활동한 한 대원이 직접 경험하고 느낀 것들을 기록했다. 단순히 구조 활동의 기록을 넘어 생존자들의 절박한 눈빛과 그들을 구하려는 구호대원들의 필사적인 노력, 재난 속에서 빛나는 인간애를 생생히 담아냈다.

  지진 현장에 도착한 구호대원들은 맨눈으로 목격한 참혹한 현실과 마주해야 했다. 무너진 건물 속에서 구조를 기다리는 현지 사람들과 가족들, 필사적인 구조 작업, 그리고 절망과 희망이 교차하는 그 순간들 속에서 저자는 우리가 결코 알 수 없는 현장의 깊은 슬픔과 고통, 인류애를 느끼게 했다. 이 책을 통해 독자들은 그날의 참상을 넘어 자연재해 앞에서 인간이 얼마나 연약한 존재인지 깨닫게 될 것이다.

  또 이 책은 자연재해가 발생했을 때 국제 사회가 하나로 뭉쳐 협력하는 것의 중요성을 강하게 일깨워준다. 저자는 중앙119구조본부 소속 대한민국 해외긴급구호대원의 시선에서 왜 우리가 지속해서 재난 대비 훈련을 하고 관련 지식을 학습해야 하는지에 대한 필요성을 강조한다.

  이 책을 읽는 동안 우리는 단순히 관찰자가 아닌 국제구호대원의 눈으로 현장을 함께 경험하게 될 것이다. 이를 통해 자연재해가 얼마나 무서운지, 그 속에서 구조 활동이 얼마나 중요한지 다시금 깨닫게 되리라 생각한다. 이러한 경험이 우리 사회에 얼마나 중요한 가르침을 주는지, 그 속에서 피어난 희망과 용기가 얼마나 소중한지 느낄 수 있을 것이다.

  '튀르키예 지진 7.8'이 단지 구조일지와 같이 과거의 사건을 기록한 것에 그치지 않고 앞으로의 재난 대응에 중요한 교훈을 제공할 것이라고 확신한다. 널리 읽혀 많은 이에게 영감을 주고 인류애와 연대의 중요성을 일깨워주는 소중한 자산이 되기를 진심으로 기원한다.

오영환 | 전 국회의원

  2023년 2월 6일 깊은 새벽 지표면으로부터 불과 17.9㎞ 아래 지점에서 아나톨리아판과 아라비아판 사이의 지각충돌이 발생했다. 규모 7.8의 대지진, 또 한 번의 대재앙이 지상을 덮쳤다.
  그곳엔 아시아와 유럽을 잇는 국경의 나라 튀르키예의 동남부 지역이 시리아와 국경을 맞댄 채 자리하고 있었다.
  현지시각 새벽 4시께 발생한 본진, 연이어진 비슷한 강도의 여진으로 단 하루 만에 수많은 도시와 마을이 분쇄됐고 도로는 뒤틀려 끊겼으며 수만 수천의 생명이 죽거나 사라졌다.
  세계사 다섯 번째 큰 지진 인명피해로 기록된 대재난(大災難).
  현장엔 죽음과 절망의 비통함이 가득했다. 울부짖는 아이들과 좌절해 스러진 노인들, 산산이 부서진 삶의 터전에서 헤아릴 수 없는 이들의 마음마저 무너져 내리고 있었다. 그리고 동시에 그 비극의 현장으로, 절망의 땅으로 세계 각국의 구조대원들이, 의료진과 자원봉사원들이 쉼 없이 달려갔다.
  추위와 어둠으로 처참한 현장에 그들이 빛을 비추기 시작했다. 야전 텐트를 치고, 장비를 둘러메고, 무너진 잔해 속으로 진입하며 희망을 찾아 헤매었다. 두려움에 떨던 일가족에게 손을 내밀었다. 노인을 들쳐업었다. 얼어버린 아이의 입술을 적셔주었다.
  그리고 그 현장의 가장 깊고 가까운 곳에 바로 대한민국의 해외긴급구호대원들이 있었다. 수십 년 전, 전쟁의 포화 속에 휩쓸린 한반도를 구하기 위해 달려왔던 형제의 나라 튀르키예의 뜨거운 피를 잊지 않은 우리가 이제는 그 형제의 후손들에게 달려가 간절한 손을 마주 잡았다. 열흘간 이뤄진 46차례의 수색구조 과정에서 기적처럼 8명의 생존자를 구조해냈다. 19인의 희생자 주검을 수습했다. 대한민국의 이름으로, 위기에 처한 인간에게 다가가는 구조대원의 이름으로 그들은 참으로 위대한 땀과 눈물을 흘리고 돌아왔다.

이 책은 국제 대규모 인명피해 재난 현장에 파견된 한 명의 대한민국 해외긴급구호대 소속 119구조대원의 생생한 재난 현장 파견 경험의 기록이자 처참한 절망 한가운데서 희망을 찾아 고군분투한 수많은 사람의 슬프고도 아름다운 발자취다.

그와 동시에 온갖 이권과 경쟁, 혐오와 폭력으로 얼룩진 오늘날 국제 사회 환경 속에서 그런데도 인류의 관점으로 사람이 사람과 어떻게 더불어 살아갈 수 있는지, 대체 무엇을 최우선의 가치로 연대하며 살아가야 하는지 다시 한번 돌아보게 하는 인류애 증명의 한 장면일 것이다.

추천사를 올리며 김상호 대원을 비롯한 소방청 중앙119구조본부 구조대원 63, 특전사 43, 국군의무사령부 6, 코이카 6, 외교부 3명으로 이뤄진 튀르키예 파견 121인의 해외긴급구호대원들에게 그리고 국경 없는 대규모 재난 앞에 손을 내민 모든 국제 사회 일원에게, 마지막으로 지금 이 순간에도 숱한 재난의 현장으로 달려가고 있을 모든 구조대원에게 진심을 담아 깊은 경의를 전합니다.

튀르키예 지진 7.8
대한민국 해외긴급구호대의 간절한 바람

초판발행	2024년 8월 16일
저자	김상호
교정·교열	유은영
편집디자인	조은서
펴낸곳	FPN/소방방재신문사
주소	경기도 안양시 동안구 흥안대로 427번길 16
	평촌디지털엠파이어 1212, 1213호
전화	02-579-0913
팩스	070-7966-1190
이메일	fpn119@gmail.com
홈페이지	www.fpn119.co.kr
ISBN	979-11-983846-3-8
정가	26,000원

이 책은 저작권법의 보호를 받습니다.
수록된 내용은 무단으로 복제, 인용, 사용할 수 없습니다.

글꼴 출처 - KoPubWorld돋움체, G마켓 산스, Pretendard, 서강체, 나눔손글씨손편지